谨以此书献给研究和关注

教育法学的人们

美国联邦最高法院教育判例与教育法治变迁

周　详　著

天津大学出版社
TIANJIN UNIVERSITY PRESS

图书在版编目(CIP)数据

美国联邦最高法院教育判例与教育法治变迁 / 周详著. -- 天津 : 天津大学出版社, 2023.6
ISBN 978-7-5618-7510-0

Ⅰ. ①美… Ⅱ. ①周… Ⅲ. ①教育法一研究一美国 Ⅳ. ①D971.221

中国国家版本馆CIP数据核字(2023)第114300号

出版发行 天津大学出版社
地　　址 天津市卫津路92号天津大学内（邮编:300072）
电　　话 发行部:022-27403647
网　　址 www.tjupress.com.cn
印　　刷 北京虎彩文化传播有限公司
经　　销 全国各地新华书店
开　　本 710mm×1010mm　1/16
印　　张 13
字　　数 239千
版　　次 2023年6月第1版
印　　次 2023年6月第1次
定　　价 58.00元

目　　录

绪　论

第一节　理解美国联邦最高法院及其判决

一、多元视角的选择

美国源于英属北美殖民地，自1607年弗吉尼亚殖民地建立至今已经历了400多年的历史发展，形成了美利坚民族独特的社会制度和文化传统。英属北美殖民地的“边疆特征”与英国殖民者的文明相结合，构成了新大陆地区的制度基础和文化渊源，也因此形成了现代美国独特的社会特征。从整体法律文化的形成过程和历史发展来看，美国接受了源自英国的普通法传统，继承了判例法体系的基本观念和实施原则。同时，在漫长的殖民地开拓过程中，这一传统与特殊的自然环境和现实需求相结合，构建了现代意义上的美国法律体系，成为英美法系的重要一极。从法治文化的层级来看，法律体系一直是社会文化体系的重要组成部分，属于上层建筑，影响着社会的持续发展。由于法治文化与社会发展密切相关，美国法律体系中的联邦最高法院具有能动调节社会制度和社会行为的独特功能，并在社会制度的构建过程中拥有举足轻重的权威地位。教育是任何一个社会都普遍存在的对社会发展影响深远的现象之一。因此，在美国法律问题中具有重要地位的联邦最高法院成为从制度层面深入了解美国发展和文化特色，进而发掘和掌握美国教育基本内涵的重要切入点。

纵观历史，美国的司法制度和教育制度起源于自身的文化传统和殖民地客观环境的影响。随着社会历史的漫长发展，文化内在的各个要素不断积淀。在美利坚民族文化下，教育现象已经与社会制度紧密结合，尤其是法律制度，成为控制社会的重要手段，嵌入普通人的生活之中，影响着人们的日常行为和社会生活的方方面面。

教育活动作为一种人类社会生活的日常现象，是人们日常交往的一种常态，由于个人诉求的不同以及对社会发展不尽相同的理解，也自然伴随着各种矛盾冲突。而法律体系的存在就是定分止争，解决矛盾纠纷。美国的对抗制诉讼模式和文化自然比其他国家都要根深蒂固[①]。随着现代法律体系的逐步建立，与教育相关的矛盾冲突也很容易进入法律诉讼的领域。在美国法律体系下，司法判例和法院对教育活动的指导功能非常明显。

与中华文化领域规避诉讼的传统不同，美国人经常通过诉讼来维护自己的合法权利，并认为这是一种常见的事情。为了解决教育活动中出现的各种复杂问题，在法律文化的引导下，人们往往倾向于向法院寻求救济，并相信和接受法律的解决方案。这也意味着，在理解美国教育体系构建过程时，需要采用全新的视角去审视，并必须考虑法律以及司法系统对教育制度的塑造功能。从功能主义的视角来分析，法律诉讼本身已经成为美国社会教育或者教育社会大众的一种手段。通过诉讼及其司法程序，它能够建立和传播社会制度，宣示主流社会价值的作用。

这种特殊的文化传统使得教育和法律这两个常见的现象，在美国社会形成了密不可分的关系。它们之间的互动一直推动着美国教育制度的形成和完善，使得教育活动更加符合当地社会经济发展的要求。许多专家学者也对这一领域进行过讨论。简而言之，作为东方的研究者，如何运用既有的中华文化价值观念来看待美国当前法律体系和教育传统的内核，并以此理解美国社会制度的真实运行状态，是跨文化交流和沟通理解过程中需要解决的重大问题。如同 1884 年艾勃特所著《平面国》[②] 中的居民一样，如果试图用在习以为常的平面结构中所形成的传统思维来理解突然出现的三维物体，就会变得手足无措并形成错误解读，最终导致群体的非理性行为出现。

---

① 齐树洁. 美国司法制度[M]. 厦门：厦门大学出版社，2006.

② （英）埃德温·艾勃特. 平面国[M]. 杨滢玮，译. 北京：中国华侨出版社，2020.

各国成熟的制度模式都具有其深刻的文化背景。在学习和借鉴不同文化领域的制度模式时,很容易出现矛盾。因此,需要将跨文化理论运用于对外域教育法治的理解中。跨文化理解的核心在于概念内涵与外延的一致性和融合性。任何地域的社会传统和制度形成,都源于深层次的社会矛盾冲突和文化根基的持续积累,具有长期性,乃至唯一性。社会制度的构建是一个持续的动态平衡过程,经历了复杂的历史发展,体现了一种模糊而复杂的纠缠状态。这种状态是与生俱来的,是独立于意识存在的客观事实,身处其中的个体无法逃避。当代美国社会也不例外,其独有的文化渊源不仅塑造了特殊的制度环境,还塑造了个体的思想观念,它们之间又存在着相互影响的关系。

美国长期以来一直遵循判例法的传统,将其内化为其社会文化的一部分。作为英美法体系的重要国家,美国的制度构建对于世界各国的司法实践和法律文化的形成都产生了多多少少的影响。由于不同法系之间存在借鉴与融合,因此一些中国法学界的学者在讨论我国最高法院刊发的典型判例或者指导性判例时,也探讨过这些判例是否应该具有与美国最高法院判例相同的功能等问题。

美国的法律制度是其社会发展过程中形成的特殊社会制度之一。表面上看,美国最高法院的判决和普通基层法院的判决并没有太多特别之处,都是一些看似简单的小事件,甚至有些琐碎,反映了社会生活领域中纷繁复杂的矛盾冲突。但进一步深入考察,我们不难发现,在这些最高法院大法官所描述的故事以及他们通过审慎思考得出的判决中,字里行间都充满着对人性和社会价值矛盾与冲突的反思。同时,也提供了针对这些矛盾与冲突的"阶段性解决方案",反映了当前社会的现实需求。由于法律制度在社会文化制度中的特殊地位,这种对于社会行为和观念的价值判断与解决方案,也通过联邦最高法院的权威性得以"传承"下来。

在美国法治文化传统的指引下,最高法院大法官的思考与结论深深地镌刻着时代的烙印,并通过判决被细心记录下来。在认真研读判决文本的过程中,读者能够透过这些文字,感受到不同大法官的性格特征和思想纠结。这样的感觉与思考,对于案件所体现的价值冲突而言,既是终点,也是起点。这也是本研究选择多元化视角切入研究美国教育法治进程的重要原因之一。

二、法律的应然价值与实然价值

很长时间以来,学术界一直在思考"法律"这一概念所承载的应然价值为何,意见也各不相同。许多法学家都提出了对法律本质及其核心价值的终极思考。这些讨论一直持续到今天,仍然是法理学界争论的根本问题,备受关注。任何关于法律原则与价值的矛盾冲突,最终都会回归到对法哲学基本问题的探索中,因此成为司法系统中法官们关心的重要议题。

自 19 世纪中期以来,工业革命在世界范围内广泛兴起,资本主义的立法和司法的广泛发展推动了法学逐渐与哲学和政治学分离,成为一门独立的学科,服从于法律自身的价值和追求。法学自身的独立性也逐步增强,法学研究也在这一趋势下逐渐独立。一些根源于古希腊和罗马的社会观念,例如"正义"或"权利",一直以来在现代社会中得到广泛提及和讨论,逐渐被赋予更多的现代意义,成为法律体系中的重要价值和法学研究的重点内容。在日益增多的法律诉讼和司法判例中,这些核心概念频繁出现,美国联邦最高法院所处理的案件更是如此。其断案和判断的主要焦点都围绕这些核心概念的社会理解和阐释展开。这些核心概念不仅是法律规则所关注的焦点,也是社会伦理中的基本问题。大法官通过不同的判例来平衡这些概念之间的社会理解。

举例而言,哈佛大学的政治哲学教授桑德尔通过他著名的《公正》课程对西方流行的多种"正义"观念进行了解读,在世界范围内引起了有关"正义"思考的狂潮。毫无疑问,"正义"这一概念确实是众多法律案件的争议焦点,也是社会生活中的重要关切。因此,最高法院通过其特有的解释机制,赋予了"正义"这一概念普遍的社会价值。在讨论本质问题时,法律的"必要性"指消除恶,而"有用性"则指实现善,其目的应当是促进社会福祉。可以看到,关于法律问题的反思仍然会回归到关于哲学终极问题的思考之上,聚焦于人类与社会的本质认识之上。这是每个学习法律,或试图通过法律来理解美国教育和社会的学生都需要认识到的,也是法学研究的独特魅力所在。在社会实践和法律哲学的深刻互动中,社会的法治观念也逐步走向成熟。

在《论美国的民主》一书中,阿列克西·德·托克维尔透过自己的观察,从法律制度和文化理解的视角深入剖析了美国政治体制,总结出了美国法律文化的本质特征。他在考察了美国社会和政治生活的各个方面之后,认为美国所有的政治问题,最终都会转化为法律问题。与此相符,当教育问题在现代社会领域成为重要的政治议题时,教育问题和矛盾的解决往往倾向于用法律的方式来分析和判断,并最终形成具有约束力的法律制度。

教育是社会关注的永恒话题,与民众的生活息息相关。作为一种伴随着人类社会出现的古老现象,教育成为社会生活不可分割的组成部分。随着现代化进程的加快,教育早已进入现代美国社会的政治角逐场,成为政治家们竞逐的工具,演变成社会活动家和利益集团的游说和斗争工具。作为政治竞争的重要决定性因素,教育政策的成败已经部分归结为美国政治过程的结果,是不同利益集团和利益联盟力量抗衡的外在表现。因此,教育、政治、法律之间的关系非常微妙,教育也自然成为美国社会现代化进程中不可分割的重要组成部分,成为构建社会公共价值的手段。

无论是从事教育研究,还是从事法律研究的学者都意识到,法律与教育这两条不同的思考路径的终点都关乎人自身最核心的价值,是个人的基础性权利,是对个体或人性最深层的思考。在众多哲学家的推动下,学者的研究领域从人性扩展到社会,扩展到人与人之间的交往、互动与文化的传承,教育价值与社会价值之间的融合逐渐成为重要的政治议题。在美国这样一个逐步建立和完善法律文化的地域中,其法律体系的形成有着自身的历史根源和特点。与世界其他国家一样,美国社会发展同样经历了现代性转型和后现代危机。美国社会变迁过程与现代化发展密切相关,影响和决定着法律对教育以及社会生活方方面面的塑造。因此,基于法律文化的地域性和历史性,通过法律手段解决教育问题具有非常浓厚的美国社会传统和时代特征,具有美国历史变革的独特根源,一直遵循着社会变迁过程中人们关注的主流价值观。

从英属北美殖民地建立到独立战争之后的美国法律转型,意味着美国的法律制度和文化已经与整个英国的普通法传统与制度产生了区别,甚至发生了根本性的裂变。特别是随着美国法律转型过程的完成,英美法系在内部事实上形成了不同的制度文化。英国漫长的封建社会所形成的法律体系,在新大陆伴随着美国独立战争的胜利以及美国的建立而逐渐趋于瓦解。美国法律体系持续经历着重构过程,在美国与英国政治决裂的过程中,其法律制度也在不断完善。毫无疑问,国家认同的形成过程与社会制度的变迁历史对美国社会的影响非常深刻。

有些中国的法律研究者认为,中国主流法学的“几乎全部范畴、命题和体系包括术语都是二十世纪以后才从国外进口的,与中国传统和现实有较大差距”[①]。也有学者认为,当今中国法学受西方“现代化范式”的直接支配,并以西方现代性观念为框架和“法律理想图景”,因而不可能或者根本没有必要对中国的现实法律世界作“切实”的关注,剩余的只是对某些现实问题作就事论事的所谓“实证”,实际上是用从西方引进的概念去“裁量”中国社会中的法律关系[②]。在这种观念下,如何借鉴法律领域中已有的概念和观念来协助本土研究者解读世界范围内的教育现象,是一个在理论和实践上亟待突破的重要课题,也是教育法领域中需要解决的核心问题之一。

从教育和法律的双重视角切入进行教育法治研究,并不直接针对或者纯粹讨论法理学和宪政史的核心问题,但是由于教育自身对于社会所具有的基础性功能,导致本研究也的确涉及个体基础权利的具体分析和价值判断。总体而言,在全书的各个章节中,有关法学和教育领域最基本的概念和核心原则会不断被强调,这也是教育法学核心价值的重要体现。这些与个体成长和发展密切相关的基础概念构

① 苏力. 法治及其本土资源[M]. 北京:中国政法大学出版社,1996.

② 邓正来. 中国法学向何处去:下[J]. 政法论坛,2005(3):52.

建了美国社会核心价值体系，成为其社会价值体系的国家基石。通过解析这些概念，能够理解美国法律体系架构的基本原则和思维逻辑，使之成为破解西方法学中国化问题的切入点，也能够产生理解上的突破。

在法律权威的保障下，美国联邦最高法院的大法官们将教育活动中涉及社会发展最需要保留的核心价值通过判例的形式固定下来，并在后续的判例中不断强调与修正，并通过判例的说理来充分阐释价值选择的理由，从根本上保障了教育法治发展的方向。对那些美国联邦最高法院的大法官而言，他们自然明白司法判例在普通法体系中的重要作用，因此对那些虽然讨论激烈，但是尚未达到影响深远程度的案例，他们会策略性地回避或者暂时搁置，待到时机成熟的时候再拿出来予以判断。

如同所有历史解读都带有史学家们对当今社会价值的判断一样，法学家们以及政治家们对法律制度的解读也同样服务于复杂的社会现实。法律上的辩论是为了争夺讲述过去之特权的一场战争。胜利者的权利便是用特定的含义去填充一则宪法条款、一条法律或一系列以往的判决①。随着美国社会的转型逐步完成，符合美国社会发展的法律制度本身也日趋完善，体系也逐渐成熟，教育活动与其他社会活动一样逐渐制度化，并与其他制度相互交织，共同构成了美国教育发展的稳定基础，塑造了美国教育的底层结构，为美国社会发展与经济转型提供了制度性的人才支持。

三、美国法律文化与判例的关系

美国殖民者和开拓者们在与“边疆环境”的长期生存抗争过程中获得了丰富的经验，沉淀了自身特有的文化特质。在经历了殖民地时期漫长的探索之后，他们抛弃了英国冗余的世俗与宗教制度习俗，功利主义逐渐萌生，伴随着启蒙运动的思潮在各领域的传播过程中，逐渐与美国的社会现实相融合，塑造了社会普遍认可的价值观念。边疆环境直接影响了美国殖民地社会对英国法律传统和制度的移

① （美）代维·鲁本. 法律现代主义[M]. 中国政法大学出版社，2004.

植[①]。

独立战争之后，美国民众的国家认同经历了逐步统一与成熟的过程。普通民众对社会发展过程中教育价值的判断与认识也逐渐受到个人主义和功利主义的社会潮流影响。可以说，整个社会的教育观念与其社会意识观念是一致的。因此，采用历史的、具体的马克思主义唯物史观来看待和审视美国联邦最高法院及其判例，是一种明智的选择，也能够让我们通过深入比较，更好地理解美国教育发展的价值核心。在认识美国联邦最高法院审判原则和判例解释的过程中，有如下几个前提需要时刻留意。

首先，需要审慎看待教育所承担的社会功能。从整体社会系统运行的结构与功能划分上看，教育是社会子系统的一部分。为了保障这个系统能够良好运行，教育法治则自然成为该子系统的重要组成部分。从美国整体的社会治理结构来看，联邦层面的法律体系是美国教育体系建立的一种辅助手段，而并非教育发展的全部支撑。美国教育体系具有明显的联邦和州的二元结构特征，其他社会领域的制度发展以及立法、行政等资源为教育制度的形成提供了大量的经验基础。在多维度的作用下，也基本确定了美国教育治理的基本框架。

美国联邦政府并没有宪法意义上的教育管辖权，或者说，宪法并没有赋予联邦政府对各州教育事务的管辖权。虽然美国政府具有较强的行政权，但是由于宪法没有规定教育事务的具体条款，美国联邦与州分权的过程中，州政府承担着宪法意义上教育事务的管辖权。各州政府对区域内教育制度的设计、规划以及教育法律的执行负有责任，而这些责任一般都在各州宪法中有所表述。

在这样的情况下，联邦层面的相关教育立法一般都是通过联邦政府周期性财政拨款实现。这些周期性的拨款法案，通过明确资助主体、对象、条件、数额、形式，以及受资助者的责任和管理要求等可操作性规则，成为有效的政策工具，对地方政府决策和个人的教育行为进行“宏观调控”。任何机构，一旦接受了联邦政府的资

① 周详. 美国大学法人制度的创建[M]. 首都师范大学出版社，2016.

助，就意味着与联邦政府签订了具有法律约束力的协约，受到相应拨款法律文本中特定条款的约束，“自愿”接受联邦政府的管辖，联邦政府也由此获得了教育事务的“实际”管辖权。

因此，在分析美国教育的法律问题时，需要随时将美国法律体系的分权模式以及教育事务的实际管理模式纳入对美国教育治理问题的理解之中。联邦层面的教育管辖，一般都通过间接地方式加以实现，司法领域更是如此。

其次，虽然法院系统的司法判例并不是文学作品，但是判例文本却是案件事实的描述和法律分析的一种文学性的融合，联邦最高法院的判例也并不例外。特别是美国早期形成的先例判决，其文字内容的丰富程度并不亚于文学作品。在与英国的司法体系和实践剥离之后，美国亟需重构自身的法律体系，为其司法实践提供必要支撑。在这样的情况下，为了充分表达本土判决的合法性与合理性，理解联邦最高法院的判决内容在事实和解释逻辑上也就承载着法律原则解释和法律体系重构的功能。从重要性程度来看，凡是进入联邦最高法院视野的案例都比较复杂而且意义重大，因此案情往往都会扑朔迷离，盘根错节，其线索或者断案的根源并非浮于表面，对案件的还原往往需要深入理解判例文字背后所蕴含的复杂背景。

由于延续了英国普通法思辨和逻辑推理的传统，同时也接受了严格的判例法规则的训练，联邦最高法院的大法官愿意在判决中表达自己所坚持的观点，无论是支持还是反对最终的判决，他们通常会详细描述观点和理由，以便后续的案件和判决加以参考利用。通过仔细研读判例，我们能够从各种细节和讨论中发现法官、当事人等不同主体所坚持的价值理念，也能够通过判决所描述的细节还原案件体现的矛盾冲突。也就是说，这种说理的论证文本中反映了联邦最高法院大法官的内心活动，这也正是判例精彩之处。

也因为这些案件复杂，阅读判例时需要将案件反映的矛盾冲突还原到社会现实的背景中，理解最终判决的由来和根据。甚至需要根据判决所描述的事实和细节，分析价值冲突的微妙理解。阅读不同时期的最高法院判例，需要将其融入当时社会的宏大叙事语境之中，进行历史的解读，并辅以判决作出时整个最高法院判决的风格。只有关注案件的时代背景，判例的深意才能得以自然展现，与之相联系的社会问题和核心价值，也能随着逐步推进的解构过程更加清晰地展现在研究者面前，历史社会学的研究思路也便跃然纸上，一个真实的案例场景也能够得到全面地还原并展现在研究者面前。

第二节 联邦最高法院的教育情怀

一、作为古老现象的教育

教育是社会生活中最常见的现象之一，深深地扎根于复杂的社会现实中。教育过程是通过综合化的手段将个体持续社会化，而社会化也成为教育活动最为重要的政府目的之一。教育具有双重属性，即作为一种古老的人类社会活动，它不仅是一种手段，同时也是一个目的。就像一面镜子，教育能够折射出很多社会深层的隐忧，处处体现着社会价值和个人价值的博弈与平衡。

由于美国存在普通法的诉讼文化，教育领域中的纷争往往倾向于通过司法途径加以解决，因此教育领域的司法判例众多。如果这些纠纷涉及教育与社会的核心价值以及公共权力的干预，那么它们就能够进入联邦最高法院的审查视野。对美国联邦最高法院有关教育的判决分门别类地进行深入探讨和分析，能够从中发现司法部门对社会核心教育价值与原则的仔细甄别、悉心呵护与重新构建，总结出美国教育制度构建过程中法律所起到的作用和价值，从而理解教育与法律之间的积极互动。通过法律解决教育问题，化解教育纠纷，其本质也是社会规制的制度化过程，反映了教育法治的一般路径。

一方面，在政策科学的分析框架中，教育属于社会子系统，而且是诸多子系统中最薄弱的一部分。另一方面，法院系统有时也会被学界研究者称为最弱的社会部门，因为他们一般只能被动地回应社会。正如汉密尔顿所言样，司法部门“既没有强制,也无意志,有的只是判断,甚至为实施其判断仍需借助于行政部门的帮助。……司法是三个政府部门中权力最弱小的"①。

然而,教育与司法这两种在社会领域相对弱势的制度设计,在美国社会中不断融合,并伴随着社会的发展而不断变化而形成了复杂的互动关系,这种互动关系演变成为调节美国社会矛盾,塑造美国社会制度的重要政策工具之一,对调节社会生活起到至关重要的作用。从联邦到地方,司法系统所支持的各级教育政策伴随着美国社会政治、经济、文化的发展不断地调整,也逐步通过合法的方式固定下来,为美国经济的发展和文化传统的形成发挥了巨大的作用。

美国社会有其独特的文化特质与价值追求。波斯纳在《法律、实用主义和民主》一书中,就认为美国所有的民主和法治都是实用主义的。因为每个人的关切都不同,所以代议制民主产生本身也是出于实用主义的目的。在他看来,这一制度最核心的问题并不在于什么是最理想的,而在于考虑到人的天性、各种社会条件的制约的前提下,什么样的民主是可行的,会带来什么样的系统后果②。既然美国存在着互不相容的观点,既然将这些观点融入一套和谐的法哲学是徒劳的,那么解决方案就在于设计一种有效的司法制度,来保证在具体的案件中社会领域中不可或缺的观点都有不同的法官作为他们的代表③。这种观念也符合制衡的理念,即让各不相同的观点和价值之间相互交锋,在激烈的互动中寻找一种社会价值走向的动态平衡,进而达到稳定社会制度的效果。

从教育政策制定和实施的过程来看,美国重大教育政策形成和调整途径之一,就是通过联邦最高法院的判决来调和教育领域和社会领域中的矛盾,充分尊重多元化的价值取向,而后,利用先例判决的权威性将案例中展现的适用原则和价值选择合法化。这一政策制定的过程从本质上来说,属于教育政治学的重要组成部分,展现了教育与政治部门的积极互动和相互影响,这成为立法、行政之外教育政

---

① HAMILTON, MADISON, JAY. The Federalist Papers[M]. New York: New American Library, 1961.

② 波斯纳. 法律、实用主义与民主[M]. 凌斌,李国庆,译. 北京:政法大学出版社,2005.

③ 拉丽莎·麦克法夸尔. 访波斯纳[J]. 王笑红,译. 湘江法律评论,2016,14(01):297-314.

策议程设置的一种重要方式。而且，在普通法系中，这两者的结合意外地产生了强大的力量，形成了其独特的社会影响力，推动教育领域的持续改革与发展。可以说，在教育资源分配的角斗场中，法院扮演了重要参与者的角色，甚至是经常会“临时”出演主角，联邦与地方各级法院的法官们通过自身对教育价值的理解和把握，抉择着一个接一个的教育难题。

二、作为个体的法官

当遇到纠纷和矛盾冲突而求助于法院的时候，我们总是期待法官能够公允断案，但似乎结果往往差强人意，因为法官断案的逻辑和常人所理解的并不相同。法律规则并不是孤立存在的，那些掌握和适用法律规则的法官们，作为个体生活在社会之中，从来都没有，也不可能放弃作为人的好恶和本能。也正是基于这样的原因，“在制度设计上设置诸多本能存在冲突的法官，并寄望于他们的观点最终将会相互抵消，获得接近公平的结果，就成为一种解决系统性问题的方法，甚至是十分有效的方法。这种司法哲学考虑的就是多元社会的生活本质，用反启蒙主义的自由原则话语将它覆盖是毫无意义的”①。

不仅如此，波斯纳解释了具体时空的制度规则如何形成，人类历史发展的时间性也同样相当重要，制度的形成比描述的可能复杂更多。齐格蒙特和蒂姆也认为，“我们所谓的自由永远不会实现。我们现在的行动受到过去行动的影响乃至制约”②。因此，由于法官个体所具有的能动性，以及身处的复杂社会环境对其产生的差异性影响，导致案件的判决结果本身可能充斥着矛盾。

宏观层面，社会生活中教育与政治的关系极为紧密，当下最为热门的社会问题，通过特定或者不特定的通道，也必然影响到最高的政治决策机构对于民众的教育管理。由于法律是有效的社会控制手段，因而这种影响也就通常以法律的形式

① LARISSA MAC FARQUHAR. The Bench Burner：An inter view with Richard Posner[M]. New York：New American Library，2001.

② （英）齐格蒙特·鲍曼，（英）蒂姆·梅. 社会学之思：第 2 版[M]. 李康，译. 北京：社科文献出版社，2010.

出现。这样，教育事件与教育实践本身又交织在一起，教育决策以及法律问题的解决，也成为社会教育的一种手段①。也正是在这种相互影响的过程中，自我的双重属性才开始凸显，个体的自我与社会的自我才开始完善，个人自我倾向于权利意识的规制化，而社会自我则倾向于管理规则的制度化。这两者之间的博弈影响着社会规则的形成，不同的自我也在这样的环境下发生着互动，形成社会规则所依赖的社会共同价值。

社会由众多的个体组成，个体是社会发展最终的动力来源，教育通过各种途径、各种形式在不同的阶段塑造着每一个特殊的个体。可以说，由于个体发展具有时空性，其在不同的发展时期面临的教育问题并不相同，对教育问题展现的价值分析需要结合人类社会共同的社会历史发展的宏大叙事，纳入社会发展的历史进程中思考。唯有这样，对教育现象与社会问题重新认识，教育领域中长期讨论的"公平"和"均衡"这一类概念才得以被理解。采用这样的视角分析那些与教育相关的司法问题，在特殊的历史条件下的司法判决所体现的原则也就更容易被普通的大众所接受和理解。这一现象在美国同样出现，特别依据美国联邦法院筛选案件的原则，只有具有"特别影响和社会导向"的案件才能够进入联邦最高法院的审查范围，这是联邦最高法院的大法官们对什么是重要的社会原则进行的团体判断。但同时，在具体的案件中，那些大法官们又会依据自身好恶、经验影响所作出的判决，一定程度上也反映了大法官自身所处的社会背景和政治诉求。联邦最高法院的教育判例毫无疑问成为美国社会教育发展的风向标，但同时也具有美国社会历史发展过程中的价值延续性。

学者们大都认可美国教育发展具有其独特的研究价值。著名的美国教育史研究学者滕大春认为，"美国教育以三百年走过了欧洲国家千百年走过的道路，并非得之偶然。它之跃进腾飞是因为它所采取的道路基本是符合人类历史发展客观规律的。正因为如此，它不啻给众多国家继续发展教育提出了可供参考的范例"②。

① 周详. 社会教育的法治化取向.[N]. 光明日报，2017-04-11(13).

② 滕大春. 美国教育史. [M]. 北京：人民教育出版社，2001.

这也意味着，研究者们在分析美国联邦法院作出的那些与教育相关的案例判决时，需要时刻关注教育现象本身的脆弱和社会条件的强大影响力。

值得注意的是，大法官们作为具有血肉之躯的个体，在美国整体法治文化的影响之下，已经内化为社会制度的重要组成部分，究其自身也同样具有双重自我的典型特征。托克维尔也认为“没有他们，宪法只是一纸空文……他们的权力是巨大的，但这是受到舆论支持的权力。只要人民同意服从法律，他们就力大无穷；而如果人民无视法律，他们就无能为力”①。理解美国联邦最高法院教育判例的关键，是把宏大的社会背景和影响因素还原到当时的历史场景中，充分尊重法官和当事人个体在历史发展和制度塑造中的价值判断，发掘在具体环境中个体之间的互动关系，这将能够起到古为今用、洋为中用的现实效果，并成为教育法学以及法律社会学研究的重要领域。

第三节 拥有灵魂的“判例”

法律的生命在于执行。只有当人们信仰法律并将其付诸实施时，法律才具有现实的价值，才能把法律奉行的原则应用于社会生活中。案例是发生在现实生活中的真实事件，而判例则是这些事件在特定时间和具体环境中的经验总结和制度化的价值判断和价值选择。作为定纷止争的工具，法律和司法活动始终在社会生活中扮演着重要的角色。形形色色的案例以及因此而形成的判例诠释着社会生活的方方面面，指导着人们的行为，教育下一代养成良好的社会规则意识和价值观，并维持社会的稳定运行。教育领域中的案例和判例也具有相同的功能，影响和塑造着人们对于教育本质和基本价值的认识。

对于研究者和决策者而言，只有直面鲜活的案例，并对其进行分析才能够深入理解社会建构的复杂，才能够将法治的精神和理念融入对现实教育现象的理解中，并最终从决策的角度为矛盾冲突提供必要的、可行的而同时也是务实的解决方

① （法）托克维尔. 论美国的民主[M]. 董果良，译. 北京：商务印书馆，1991.

案。正如伯尔曼在《法律与宗教》中所言，“法律必须被信仰，否则它将形同虚设。”这也就意味着，法律制度的形成和遵守同样需要得到社会大多数人对基础原则和一般规则的认可，符合一般的预期和认知水平，才能够形成个体内心的确信，从而形成对法律信仰的文化传统，否则一切后续的法律问题以及法治，将成为空谈。

人类的优势在于通过文字、语言等各种表意的形式将社会文明延续下去，传播这样一些符号及其蕴含的内在价值，是教育最为重要的功能。法律是社会运行的重要规则，也是主要通过文字表达的社会规则，法律规则的内涵需要通过一整套的解释方法进行阐释。在普通法体系内，判例就是一种现行有效的法律，通过对判例文字的解读，灵活运用判例所具有的内在价值，能够学习到法律和教育问题的精髓。将不同的案例还原到真实的场景当中去，还原到每一个不同案件的具体矛盾之上，能从中分析出不同案例之间的差异，发现社会矛盾的复杂之处。

因而，真正的“案例教学法”建立在判例法的实务基础之上，将法律作为一门实践性学科来看待。这种学习方法实际上融合了讲授制与学徒制知识传承的双重传统，也符合杜威倡导“从做中学”的基本理念。作为一种法律教育教学领域中常用的教育方式，“案例教学法”是将案件发生的真实场景赋予法律学习者，引导受教育者从具体案例的法律推理、分析、判断过程中，找出法官论证或者遵循的法律原则和规则，使其了解在裁判疑难复杂案件过程中所考虑的重要因素，总结出案件逻辑分析的思路以及价值原则的使用规律，进而提升学习者自身分析问题、处理问题的能力，培养法律规则意识、养成法律习惯。

运用案例教学法的方式分析美国联邦最高法院的判例，突破了时间和空间的限制，能够采用一种解说的视角来还原并分析案件细节和判决描述之间的关系，产生一种身临其境的感觉，加深对法律技艺的理解。案例教学并非机械地还原当时的场景和裁判原则，而是更为透彻地分析其中的矛盾冲突和选择依据。通过案例和判例的研读，我们可以发现有些时候，法律规定和规则并没有改变，案件针对的具体问题也没有变，但是，如果现实社会环境发生了变化，甚至是处理案件法官的个人经历了某些特殊事件导致其价值观发生了变化，都足以导致法律推理的变迁，最终影响法律判决结论。因此，每一个具体的判决结果，都是案件中复杂的社会问题经由法官自由心证之后的“单一且唯一”的结果，同时也是司法裁判系统作为一个整体，对案件价值冲突的综合判断加以制度化之后的现实的、具体的结论。这一结论在当时具有相当的合理性和权威性，但也并非一成不变，判决中体现的基础价值和选择原则，也会随着新出现案件的要素差异而产生变化，甚至是冲突，进而产生推翻先例判决的效果。

判例法体系中，所有具体案件都体现了辩证的法理，正所谓“此一时也，彼一时也”。所有的判例都因当时当地的要素而产生。因此，对当下时代要素的把握非常关键。不同时代的主流价值不同，也决定了判决过程中运用的法理以及推理过程的不同。这种辩证的法理分析方法，所坚持的并不是形式正义，而往往是实质正义。它是维护时代核心价值的必然要求，也是大法官们以及整个司法系统所捍卫的基本原则。判例法体系关心的不是最后判决的胜负，而是法律推理过程以及在面临复杂情境时如何对基础原则进行选择的艺术。

从判例法的各种案例的研究中，我们寻找到的不仅是普遍抽象的法理，还是拥有生命并融入多彩社会生活之中的具体的、历史的法理，这种法理拥有自身的价值和判断，拥有“灵魂”，在不同的时空中发挥着不同的作用。因此，在“判例教学法”中，重要的不是引导学生得出所谓的正确答案，而是让他们掌握“选择”与“说服”的技巧。联邦最高法院的大法官们，不仅运用司法资源和自身经验对重大的社会矛盾进行了“选择”，也通过自身严密的逻辑论证，试图“说服”公众这一选择的合理性。

在社会现实面前，法律体系的边界是模糊的，而教育问题又是复杂的，在面临教育和法律的双重难题时，有时很难作出判断。因此，一般的研究者并不能准确地区分教育领域中的法律判决原则，波斯纳就认为“追问自己的信仰是否正当，是一件神秘、自恋的事情，只有那些不朽的人才会这样做。普通人是不反思的，他们只是单纯地信仰他们所相信的”。他进而认为,法官不直面道德问题只是出于策略,在“布朗诉教育委员会案”中,联邦最高法院作出反对隔离的判决,完全是基于工具主义的理由:隔离已被证明会伤害黑人学生的尊严,而大多数人会认为黑人的尊严与法律的相关性是道德层面的,这一点在1954年是毫无疑问的。这也就意味着,透过判决来分析法官们作出判决的依据以及案件涉及的历史背景,的确能够发现判决背后的逻辑具有法官们自身的魅力和显著的个人性格,以及案件的判决会受到当时社会背景深刻的影响。当然,也正因为如此,判决的结果才得以更加接近判决所谓的正义,也符合社会自然状态下的一般规则。这也成为知识考古的重要表现形式。

“教育法学”是专门研究教育与法律关系的学术领域,是综合教育学与法学之关系下所形成的新的学术领域,在法学上包含教育法之法律解释学与法律社会学两种。基于判例在法律实务中的重要作用,“判例教学法”也将成为教育法学教学与研究的重要内容。在教育法的学习过程中应用“判例教学法”,不仅能分析关于社会发展的核心概念并教授学生具体的法律与教育知识,更重要的是深刻掌握这种法律推理技巧,它是一种思维方法,是基于法律的自信的思考模式。此外,法律概念、法律规则、法律原则和法律学说都不过是为法律推理准备的工具箱,在教育法学的研究过程中具有重要的基础性作用。

当然,法律推理技术也同样是一种不可或缺的知识,必须勤加练习才能获得。这也意味着,只有反复研习不同的联邦最高法院经典判决,才能领会其要旨,因为这既是一个法律问题,也是一个技术问题,更是一个哲学问题,是关乎人类命运走向的终极问题。深刻了解与教育制度和文化现象密切相关的法治历史发展以及教育法治的进程,有助于我们更好地理解教育的本质和外在表现,有助于在塑造人类命运共同体的过程中对不同法域的教育核心要素进行反思和把握。

第一章 美国政治结构与司法体系

第一节 三权分立的宏观政治架构

1789年4月,美国联邦政府成立之后,乔治·华盛顿(George Washington)成为第一任美利坚合众国的总统。而自独立战争开始以来,致力于构建一个良好政府的各方力量就已经开始对新国家采用何种体制进行了广泛而深入的辩论和探讨,众多的政治家都参与到了这场讨论之中。由于对国家组成原则和运行机制持有不同理念,建国后,美国政治领域便逐渐演变形成了"联邦党"(federalists)与反联邦主义(anti-federalist)的"民主-共和党"(democratic republicans)两大不同的政治阵营。这两个党派在核心政治理念上存在着冲突,对国家应当采用何种制度发展以及如何实现这样的发展有着不同的理解,对未来政府组织架构和运行机制有着不同的期待,他们各自拥有着不同的支持者。

联邦党人政治理念的核心主张是加强国家运行中联邦政府的权力和权威,不被其他州所削弱,强调联邦在政治和社会活动中的核心地位和重要性,而民主-共和党人则主张维护各州所拥有的权力和自治属性。双方虽然秉承着不同的政治理念相互博弈,但他们却都坚持了相同的"以权力制约权力"的政府治理原则,即通过"分权与制衡"的有限政府治理原则来实现国家的良好运行。独立战争时期的建国者们一致认为,无论何时,都需要通过宪法的权威对政府权力加以制约,这也是法国启蒙运动以来政府治理理念在美国的延续。

总体而言,美国建国者及宪法制定者们一致认为,"立法、行政和司法权置于同一人手中,不论是一个人、少数人或许多人,不论是世袭的、自己任命的或选举的，均可公正地断定是虐政”[①]。在这样的治理观念之下，建国之后的美国政府系统在纵向划分为联邦和州的二元分层状态，而在横向上则形成部门之间相互制约的交错状态，这样的纵横交错的现实情况构成了美国政府治理的基本格局，也影响着美国社会政治、经济的运行状况。

“美国的政制是一种复合性的政制，在这种体制下，最高权力被分放在诸多的实体和职能机构中”[②]。在美国联邦政府层面，立法、行政、司法共同分享国家权力，同时构成了国家治理的组成部分。这些权力之间通过对其他部门决策的影响，甚至是“否决行动”来实现制衡。一些学者也将这种现象称之为制度性的“否决权”。这种否决权让分权与制衡的模式具备了制度上的可行性和可操作性，任何一个部门都可以实质性地干预正式决策过程，这便构成了“三权分立”的基本状态。这种三权分立的状态成为美国政治价值正当性的基础。

美国联邦宪法首要的职责是明确列举联邦政府的权力，并通过权力限制权力的方式塑造有限政府。但是，由于条文简练，以及建国初期相对简单的现实环境，联邦宪法文本无法穷尽和提前列举新出现的局面和社会发展的新问题，也自然会出现通过文本无法直接回应现实问题的客观情况。而且，美国宪法实施的初期，最高法院的宪法解释权也并不在自己手中，当时违反宪法的情形要么非常明显，要么难以通过有效的手段加以制约，最高法院也无能为力。更多的宪法争议是通过政治角逐加以解决，而并非通过司法或者法律的途径。

在变动不定的美国社会中，法律与所有知识之间的界限是模糊不清的[③]。伴随美国社会发展变迁以及现代社会复杂性程度的增加，很多宪法条款在事实上已经不能与时俱进地“直接”涵盖所面临的社会现实，它们对新出现的社会问题解释力有限，因此需要重新赋予新的解释以应对“重大而紧迫”的社会问题，宪法解释学派便应运而生。宪法解释，不仅在现实上变得必要，理论上变得成熟，而且通过

① （美）汉密尔顿，杰伊，麦迪逊. 联邦党人文集[M]. 北京：商务印书馆，1980.

② （英）沃尔特·白芝浩. 英国宪法[M]. 夏彦才，译. 北京：商务印书馆，2005.

③ （美）丹尼尔·J. 布尔斯廷. 美国人殖民地历程[M]. 时殷弘，译. 上海：上海译文出版社，2012.

“马伯里诉麦迪逊”案之后所沉淀的各种宪法原则,在技术上也变得可行了。

依据现代宪法理论,美国联邦宪法规定的是国家基本政治制度以及政府运行的基本规则,作为政治区域中最高的法律,宪法是用来约束和限制政府权力运行的。宪法是关乎社会最核心的价值以及政府运行最基本规则的明确记载,是国家运行的根本依据。因此,在遇到新的社会情境变化时,政府的可为或不可为就成为重要的政治议题,需要对宪法的具体条款如何适用进行解释,这是宪法解释的重要功能。也正是基于这样的原因,宪法解释一直是美国法治发展以及政治发展过程中一个核心的问题,也因此成为学界重点研究的领域和方向。从宪法政治学的视角来看,谁拥有了宪法解释权,谁就可以在政治争斗中占据有利地位,从而影响政治格局。究其根本,在特定问题上持有不同的宪法解释观点,代表的是不同联盟群体之间的利益博弈。在联邦最高法院大法官构成人选的博弈过程中,不同候选法官所代表的宪法解释学派和观点就显著影响着政治领域对最高法院的评价,这也成为政治博弈和争夺的重要领域。

宪法解释的根本性问题在建国时期就已经被制宪者们提出,汉密尔顿认为由法院来运作和修补法律的含义是“适当且必需的……法院作为唯一有权解释宪法的部门,享有对立法的合宪性审查权,并默认该权力存在于宪法的一般性原理中,或者就是宪法的普遍原理之一”[①]。通过这样的方式,联邦党人进一步扩大了联邦隐含的政治权力,并持续将这一解释理论运用于宪法解释过程中,也使得基于宪法的联邦权力实质性增大。

虽然在不同的历史时期,社会经济发展水平以及社会主流思潮不同,可能出现不同的宪法解释理论、手段和方法,但一般情况下,宪法的解释总是符合社会中主流价值观念的。宪法文本提供的仅仅是一个现行有效的制度性框架,而在不同的历史时期,宪法文本自身展现出来的基本要义将成为解决当下重大社会争议的基本原则。为了将这些原则运用于现实的问题中,需要运用相当灵活的解释技巧

① (美)爱德华·S. 考文. 司法审查的起源[M]. 徐爽,译. 北京:北京大学出版社,2015.

对文本进行阐释和说明。当然，社会主流价值观会随着社会的发展而变迁，相同的现象、相同的问题，在宪法解释过程中可能产生截然相反的结论，其中一些解释甚至可能让联邦最高法院颜面无存。

美国宪法典的出现，超越了英国普通法的宪法传统和宪法性文件的治理模式，为宪法解释提供了丰富的基本素材和依据，学者、立法者、行政官员、法官们运用法学、哲学和社会学的各种理论，采用不同的方式和实践，对宪法文本进行解读，由此创设了许多美国宪法解释方法的流派。一些看似矛盾的现象以及伴随这些现象出现的宪法解释，都是美国社会发展过程中的客观实际存在，也反映了美国政治与法律系统的强大"自适应"能力。

综合来看，美国政治生活中针对宪法不同条款原则的解释过程，特别是颇具矛盾的政府行为和政府各部门之间的博弈，成为美国政治生活的缩影。这些博弈是美国社会不同价值冲突的直接表现，也是通过法律的方式解决社会矛盾和政治矛盾的一种重要手段，这种通过宪法解释来解决纠纷的方法，仍然是一种遵循法治的重要形式。例如，1995 年，在美国各州的强烈呼声下，众议院以压倒多数通过了禁止亵渎国旗的宪法修正案，但该议案到了参议院却未获通过。反对的参议员们认为，焚烧国旗等被各州和众议院认为是亵渎国旗的行为属于言论自由的内容，相对于国旗来说，言论自由对美国民众更加重要①。有关国旗的争论一直是宪法解释领域争论的重点，在得克萨斯州诉约翰逊案中，联邦最高法院以 5∶4 的票数明确约翰逊焚烧国旗的行为被认定为象征性言论，受到宪法第一修正案的保护。然而，5∶4 的比例也显示了案情的复杂性，是联邦最高法院内自由派与保守派之间的复杂斗争，反映出了社会矛盾与价值观之间的突出冲突。

可以看到，由于宪法条文自身的相对稳定，社会运行中所坚持的价值选择原则都需要从权威文本中获取，因而可能存在不同宪法原则之间的矛盾与适用问题，而这最终的裁判权则交给了联邦最高法院的法官们。虽然立法过程中的争议在美

① 刘晓洲. 分权制衡与美国民主的"否决政治"困境：制度成本视角下美国民主效率问题研究[J]. 北京科技大学学报：社会科学版，2018，34(6)：87-94.

国的日常生活中同样也很普遍，但由于制衡的制度设计，那些违反了社会主流价值的立法通常无法获得通过，即使得到了立法机关的批准，也可能因为违反宪法原则而被司法机关宣布无效。司法体系的法官们，则通过使用“否决权力”来解释或者阐释他们认为正确的宪法理论以及他们对主流社会价值的认同。

因此联邦最高法院是司法体系参与政治决策的重要阵地，对普通民众的社会生活影响深远，他们最终决定着宪法文本中哪些基本原则应该如何实际应用。但是，也有学者批判“法官制定政策的依据是自己的内在偏好，而不是客观的原则”①。所以，客观上法官虽然行使着解释宪法和监督宪法实施的职责，但其自身也需要遵守一定的约束来维持其行动的边界。

美国起源于英属北美的十三个殖民地，自从 1776 年独立至今也只有两百多年的历史。在美国独立之前，无论是距离 1607 年英国在北美地区建立第一块永久殖民地——弗吉尼亚，还是 1620 年的普利茅斯登陆以及随后建立的马萨诸塞湾殖民地，南部与北部的殖民地都经历了至少一个半世纪的发展。殖民地的居民吸收、借鉴甚至更多情况是改良源自于英国的现有制度的经验，因此积淀了大量的经验和制度财富。

从“五月花公约”开始，北美殖民地的拓荒者就开始探索将其最为熟悉的英国普通法制度运用到这片刚刚开垦的新大陆上。同时，漫长的殖民过程也让殖民地的居民有了充分的时间和精力进行深刻的反思，他们将文化传统与现实环境相结合，形成了符合新大陆社会需求和发展的制度遗产。但是，由于新大陆的环境迥异，这样的制度模仿不知不觉间演变成为真正的制度创新，殖民者们摒弃了很多不合时宜的礼仪和律法，美国法律制度的转型的过程成了美洲大陆法律制度与文化创新的漫长过程。

殖民地特殊的“边疆环境”与欧洲传统的文明相结合，造就了美国特殊的历史文化传统与民族性格。远征美洲大陆的清教徒们，具有普遍而强烈的使命感和责

① （美）基思·E. 惠廷顿. 宪法解释：文本含义，原初意图与司法审查[M]. 杜强强，刘国，柳建龙，译. 北京：中国人民大学出版社，2006.

任感，他们怀着建立家园的目的在殖民地努力开垦，艰难生存，最终建立了稳定的、紧密联系的社区，也因此在拓疆开土和重建制度的过程中积累了大量的财富和经验。殖民地所形成的特殊政治经济环境，与英国相似，但却又有着明显的不同，拓荒者们在模仿的同时持续创新。这种盛行于殖民地的移民精神，在自身实践的基础上，遵循欧洲传统并持续改造现实，逐渐成为"美国梦"的雏形。由于美国和英国一衣带水的特殊历史渊源，美国法从确立开始就带着浓厚的判例法特征，延续了英国普通法的基本原则和遵循判例的传统。

虽然文化上的纽带难以割裂，但美国的独立战争毕竟带来了美国和英国在政治上的现实决裂，在付出了艰巨的努力之后美国得以独立，英美两国成为政治上的"敌对国家"。对于新成立的美利坚合众国而言，塑造全新的国家认同就显得非常重要而紧迫，只有真正获得独立国家的民族认同，才是美国独立的成功标志。从殖民地到新国家建立，美国社会制度的各方面都发生了根本性变化，由于历史背景和自然环境的特殊性，虽然在法律传统上美国继承了英国普通法的基本原则，但是在美国取得独立战争胜利之后，新兴的美利坚民族力图从不同视角来塑造自身的文化独特性。立法与司法系统的独立，也成为美国脱离英国文化影响的重要举措之一。列奥·施特劳斯（Leo Strauss）认为，政治制度的建立受到社会环境和不可控制、难以把握的机运的巨大影响①。一批虔诚的爱国者们一直在通过多元领域的尝试，通过各种途径和手段寻求独立的发展空间，塑造具有美利坚合众国特征的国家认同，这成为建国初期政治活动的核心内容。

在这样的整体政治氛围之下，美国的法治文化也作为探索新国家化进程的重要组成部分，伴随着"美国法的转型"，其逐渐得到制度化，并形成了与美国政治紧密结合的立法与司法文化，与英国传统的法律体系与文化产生了差异，美国持续对其进行优化。达马斯卡就认为美国特殊的政治文化对提升当事人对诉讼程序中的作用的支持力度比西方世界其他任何地方都要强②。

① （美）列奥·施特劳斯. 古典政治理性主义的重生[M]. 郭振华，叶然，译. 北京：华夏出版社，2011.

② （美）米尔建·R. 达马斯卡. 漂移的证据法[M]. 李学军，译. 北京：中国政法大学出版社，2003.

1787 年制定的美国联邦宪法旨在通过精细的制度设计创造一个法治而不是人治的有序政府，政府所拥有的有限权力将受到严格的制度控制。在有限政府原则的引导下，作为政治系统最为重要的司法制度也成为了实现和维护这些主流价值的重要手段，也自然充满了建国者们所希望传承和塑造的主流社会价值，并将其尽可能融入法律文本的起草中。独立战争中英国的战败也标志着美国司法制度具备了彻底独立的基础，为北美大陆的法律体系带来了深刻的变化，法院作为司法系统的重要机构，其独立性得到了加强，开始探索一种根本上与英国法治系统分离的自治模式。1787 年的美国人本以为他们是在抄袭英国宪法。但他们实际上是在创制一种与英国宪法相对应的东西①。

美国宪法的颁布与最终生效，标志着启蒙思想家孟德斯鸠所倡导的立法、司法与行政三权分立的政治模式在北美大陆得以确立。在美国宪法的框架下，宪法授权设立了美国联邦法院，构建了美国联邦法院和各州法院系统的二元制结构，初步建立了从中央到地方完备的宪法适用模式。在这样的基本框架的指引下，北美地区法律的相对统一，都是以英国普通法为蓝本②。在三权分立的指导原则之下，美国联邦最高法院和司法系统各自享有独立的公共权力，并逐步在实践中增强了实施这种独立权力的方式，其通过“自身的努力”而获得了对立法与行政系统的监督权，并将这些原则通过宪法解释纳入法治化的体系之中。在一个既定的政治共同体内，各种自治的法律系统和各种独立的管辖权共存和竞争，有助于在这个共同体内实现法律的至上性③。这也成为美国司法系统未来最终获得司法审查权的重要现实基础和理论基础，是一种融合了法治原则的政府公共治理施政模式，通过有效的司法手段对政府公共管理行为进行监督。

然而，刚刚建立时的美国司法系统面临着许多困难。除了一些基本的普通法原则外，几乎没有可以使用的有效且适合的法律工具，可调动的政府资源也不足。

---

① （英）沃尔特·白芝浩. 英国宪法[M]. 夏彦才，译. 北京：商务印书馆，2005.

② 何勤华. 美国法律发达史[M]. 上海：上海人民出版社，1998.

③ （美）哈罗德·J. 伯尔曼. 法律与革命：第二卷[M]. 袁瑜琤，苗文龙，译. 北京：法律出版社，2008.

为了摆脱英国的控制，所有源自于英国的法律文本和判例都无法使用，这也就意味着司法系统的运行缺乏必要的法律依据，整个司法体系需要重新建立。像那些试图改变英国既有的语言体系的爱国者一样，在法律制度塑造的过程中，开始有人主张彻底抛弃普通法体系，试图在法律体系和法律原则上效仿大陆法系，创造出独立的“美国法”。因此，美国法律系统开启了转型时代。

第二节　美国现行的司法体制

美国司法体系的初始建立受到联邦制度和普通传统的显著影响，但其法律制度本身、法院的结构和诉讼程序等这些元素，作为司法体系的整体构成部分，不是一成不变的。这些要素具有不同功能构成了整体社会制度和社会运行的重要环节，发挥着各自独特的功能，产生了独特的贡献，通过各自不同的方式和途径与社会生活的不同领域发生着互动。因此这些要素也会随着社会经济的发展而变化。它们是人决定的，它们既是律师的工作，也是我们所谓的实在法的全部内容①。由于各殖民地的生活不稳定，建立英国司法制度的诸因素可能完全不存在②。美国的司法体系从殖民地时期开始，就一直处于变动和不断适应新大陆环境变化的过程中，存在着一种始终变动的制度环境。

由于需要和传统的英国法体系进行剥离，美国建国之初的争议也在于如何谨慎地在制度设计和法律体系上与英国保持距离。政治上，1789 年的联邦宪法建立了联邦政府体系，在联邦政府和州政府之间通过二元结构的方式进行了权力划分，形成了区别于英国的联邦制政治体系，并通过宪法的法定权威加以保障实施。在法律上，这种剥离也基于殖民地独立实体的存在而颇具美国特征，法院系统也同样采用了二元划分的结构，与其行政上分权的治理模式相一致，由宪法对这种联邦和州双重法院组织体系的建立加以确认。这种分立模式起始于 1776 年独立战争之

① （英）密尔松. 普通法的历史基础[M]. 李显冬，译. 北京：中国大百科全书出版社，1999.

② （美）劳伦斯·M. 弗里德曼. 美国法律史[M]. 苏彦新，译. 北京：中国社会科学出版社，2007.

后的共和国初期，随着1789年联邦宪法批准生效和《司法组织法》的颁布，美国形成并建立了自己的司法制度的基础结构，也成为建构美国复杂多样的法院组织系统和司法规则的基本依据。美国首任总统华盛顿认为，“对司法部门的适当管理是良好政府最牢固的支柱。应把首先筹建司法部门视为我国的幸福及其政治制度稳定的必不可少之事”①。这也使得其成为美国第一届国会通过的第一部法律。

建国者们希望的是在最大限度保留各州（当时的殖民地）权力的情况下，构建一个能够足以对抗英国的强大联邦。在联邦观念和体制的影响下，由于各州拥有不同的管辖权，联邦和州两级政府都有权制定宪法，并在各自宪法的框架要求下建构符合各自管辖区域实际情况的法律体系，各州也因此构建了独立的法院组织体系来实施法律。虽然联邦宪法设定了两级分权框架，但分权制衡模式使得联邦法院和州法院之间没有上下隶属的审级关系，联邦法院系统与州法院系统是相互平行的司法机构，独立运作。两者虽在区划上有所重叠，但运行上完全分离，管辖内容、权限也具有较为明显的差异，这也就是司法系统的事项管辖权原则。联邦法院和州法院之间存在不同的分工，不同法院会根据先行制定的事项管辖原则来确定是否受理案件。联邦法院以及各州法院的构成与人员组成由各自的立法机关和权力机关来确定。尽管各州在加入合众国时移交了部分主权，但各州可在最大限度内制定自己的法律，唯一的限制是不得违反联邦宪法②。

另一方面，美国各州的司法系统各自依据其宪法设立，因此也不存在统一规划的模式，每个州都有相应的自主权，在法院系统的设置上并不一致，无论是在结构上还是在名称上都不尽相同。州法院也比联邦法院更加趋于专业化③。例如，对于州终审法院的名称，在纽约和马里兰称为上诉法院，在缅因和马萨诸塞称为最高司法法院，而在西弗吉尼亚叫做最高上诉法院。有的州按行政区划分不同法院的

① （美）塞缪尔·埃利奥特·莫里森．美利坚共和国的成长：上卷[M]．南开大学历史系美国史研究室，译．天津：天津人民出版社，1980.

② （美）艾伦·法恩思沃斯．美国法律体系[M]．李明倩，译．上海：上海人民出版社，2018.

③ （美）劳伦斯·M．弗里德曼．美国法律史[M]．苏彦新，译．北京：中国社会科学出版社，2007.

职能，而另外一些州则按犯罪性质，从轻微罪到重罪再到上诉案件来划分法院的层次。从层级复杂程度来看，有的州只有审判法院和上诉法院两个层级，而有的州则有五个层级之多；许多州法院系统的管辖权结构很复杂；有的州设立了与初审法院权力平行的专门法院，如家庭法院、青少年法院、税务法院和遗嘱法院等。纽约还设有市长法院。1855 年设立的路易斯安那土地法院则是法院专业化的一个典型例子[①]。也正是因为如此，各州也负责对法律职业规范的整体约束和规制，对从事法律职业人员的要求也并不相同。

各州司法系统的具体组织结构和运行规则由州宪法规定，州法院受理大部分的诉讼争议事项。具有初审权的是基层法院，基本职能是受理案件、确定事实并根据法律和原则做出判决，一般采用独任制审判，由一名法官主持审理，特殊管辖之外的案件一般都能受理。基层法院的判决也称为一审判决，对判决结果不服可向上一级的法院上诉。接受上诉的法院也被称为上诉法院，其功能是保证司法适用的适当，一般情况下不对事实进行重新审查，而主要是确定初审法院对该案件的审理在法律适用上是否准确，一般采用合议制。对上诉法院不服还可向州的最高上诉法院上诉，这是各州司法体系的顶端。州最高上诉法院通常由 5~9 名法官组成，如果事项不涉及联邦问题，则州最高法院的判决成为终审判决。如果涉及联邦宪法原则的适用问题，当事人可以继续向联邦法院上诉，以突破地方法院终审的限制。

美国联邦宪法第三条规定，“合众国的司法权属于最高法院及国会随时规定与设立的下级法院”。联邦法院依据该条规定设立，因此也被称为“宪法第三条法院”。同时，宪法第三条第二款规定了联邦法院的管辖权，也意味着联邦法院的事项管辖由美国宪法规定：“司法权适用的范围，应包括在本宪法、合众国法律、和合众国已订的及将订的条约之下发生的一切涉及普通法及衡平法的案件；一切有关大使、公使及领事的案件；一切有关海上裁判权及海事裁判权的案件；合众国为当

① （美）劳伦斯·M. 弗里德曼. 美国法律史[M]. 苏彦新，译. 北京：中国社会科学出版社，2007.

事一方的诉讼;州与州之间的诉讼,州与另一州的公民之间的诉讼,一州公民与另一州公民之间的诉讼,同州公民之间因为不同州土地而争执的诉讼,以及一州或其公民与外国政府、公民或其属民之间的诉讼。在一切有关大使、公使、领事以及州为当事一方的案件中,最高法院有最初审理权。在上述所有其他案件中,最高法院有关于法律和事实的受理上诉权,但由国会规定为例外及另有处理条例者,不在此限。"

1789 年,美国第一届联邦国会通过的《司法组织法》(*Judiciary Act* 1789)对联邦法院体制作出具体规定:在最高法院下设联邦巡回法院,巡回法院下设联邦地区法院,形成了联邦法院的最初结构。由于宪法赋予了国会对"下级法院"的调整和设定权利,国会多次通过立法对联邦各级法院的设置和组成进行了调整。

联邦法院的司法权源于宪法,但仅限于司法问题(judicial matters),并接受国会监督。最高法院之外的下级法院,包括联邦地区法院、联邦上诉法院、专门法院等,其管辖权主要是涉及联邦法律的案件和不同州籍或国籍的当事人之间的纠纷。在很长一段时间内,美国联邦法院系统的规模并不大。但自从 1960 年以来,由于联邦法院的案件数量出现了较大规模的增长,法官和行政人员数量也相应地显著增加。美国现行联邦普通法院系统由初审法院、上诉法院和最高法院组成,另设有联邦税收法院、联邦关税法院、联邦索赔法院、国际贸易法院、军事上诉法院、破产法院等专门法院,以提升审理的效率和专业性。虽然没有专门的行政法庭制度,但是在众多部门机构内设有具有裁判功能的联邦行政审判庭,只是他们不属于法院体系[①]。

联邦地区法院主要是联邦法院组织体系中的初审法院处理联邦事务一般管辖权的案件。联邦地区法院首次设立时,每个州至少设立 1 个,较大的州根据案件的数量规模可能设有 2 至 4 个不等的地区法院,例如加利福尼亚州、纽约州和得克萨斯州各有 4 个地区法院。目前美国 50 个州共设有 89 个地区法院。另外,哥伦

① (美)艾伦·法恩思沃斯. 美国法律体系[M]. 李明倩,译. 上海:上海人民出版社,2018.

比亚特区和波多黎各领地各有 1 个,其余 3 个海外托管地也均设有地区法院。因此,目前美国全域共有 94 个联邦地区法院,也就形成了相应的联邦案件管辖的基础区域划分。

1981 年,美国国会在联邦司法条例划定巡回区的基础上设置了联邦上诉法院,目的是"减轻最高法院在受理所有联邦承审法院的上诉案件的负担",作为最高法院和地区法院的中间层法院,早期也被称为"中间上诉法院",也就是后来的巡回上诉法院。这些巡回上诉法院负责对地区法院和行政机构的裁决进行审查,仅负责认定判决适用法律是否适当,并避免直接涉及实际事实问题。美国划分了 12 个巡回区和 1 个联邦上诉法院,分别受理来自 94 个联邦地区法院的上诉案件。联邦巡回上诉法院则是 1982 年联邦国会通过制定《联邦法院改进法》(*The Federal Court Improvement Act*)设立的,受理关于宪法性问题和政府命令的上诉案件以及联邦政府委托的案件。

联邦最高法院是唯一直接在美国宪法中明确规定的法院,是美国联邦法院组织体系中最高层级司法审判机构。现在的联邦最高法院由 1 名首席大法官和 8 名大法官一共 9 名成员组成。根据联邦宪法第 3 条第 2 项的规定,联邦最高法院对以大使、公使、领事及以州政府为当事人的案件拥有初审管辖权。联邦司法部门成立的时候规模非常小,也没有什么影响力,处于公共治理活动的边缘。联邦最高法院建立的前十年,只审理了 100 件左右的案子,而且基本上是涉及海事、财产和商务的案件①。

1789 年,联邦最高法院刚刚成立时只有 6 名大法官,南北战争后增加到了 10 名。1896 年,国会将最高法院的员额调整为 9 名,这一调整一直保持至今。1937 年,美国罗斯福总统试图将最高法院的员额调整至 15 人,但被国会否决。美国联邦最高法院所有大法官均由总统提名并经参议院同意而任命,参议院则通过对总统提名的否决权实现对法院整体偏好进行制约,而法院则通过司法审查机制,制约

① 郭巧华. 美国联邦最高法院早期历史研究[M]. 北京:社会科学文献出版社,2017.

国会和总统权力的行使。这也是美国宪政制度的最后一个突出特征[①]。最高法院法官的任命方式是立法、司法、行政系统之间权力博弈的最为典型的表现。通过三权分立的体系化设计,制宪者通过宪法的制约,保证不同机构都保持了各自的独立性,进而维护了国家权力的顺畅运行。

联邦最高法院拥有最初的司法审查权,其受理的案件包括违宪侵权案件和依法受理的上诉案件,但只有少数的案件能够进入其审查的范围。其中,向联邦最高法院上诉有两种方式:直接依据上诉权的上诉(appeal by right)和获得调取案件复审令状的上诉(appeal by application)[②]。如果对巡回上诉法院的判决不服,可向最高法院申请复审案件,9 名大法官中 4 人同意复审,则可向下一级法院调取案卷,如果拒绝调取案卷进行审理,那么巡回上诉法院的该项判决将成为终审判决。联邦最高法院对于上诉案件的受理与否,拥有完全的自由裁量权,通常根据案件的重要性和统一判例的必要性决定是否受理,只对其中很小一部分有代表性和指导性的上诉案给予再审的机会。由于美国联邦宪法的最终解释权归于联邦最高法院,因此案件被联邦最高法院受理,意味着案件涉及的基础矛盾对美国社会生活有着重要的影响。出于对州政府权力的尊重,"最高法院绝不会审查州法院对未影响联邦法或者宪法利益之州法问题作出的判决"[③]。联邦法院的法官判断的逻辑是案件是否真实影响联邦政府的核心利益,并认为有必要需要通过判决重申宪法原则或者是针对某一条文的含义进行进一步阐释,以便为社会主要矛盾的冲突提供裁判依据,进而对社会主流价值形成指导,这是所有的联邦最高法院判决具有最高权威性的根本原因。

---

① (美)杰佛瑞· A. 西格尔,哈罗德· J. 斯皮斯,莎拉· C. 蓓娜莎. 美国司法体系中的最高法院[M]. 刘哲玮,杨微波,译. 北京:北京大学出版社,2011.

② 程晋宽. 美国教育司法制度论析[J]. 外国教育研究,2002(1):52-57.

③ (美)艾伦·法恩思沃斯. 美国法律体系[M]. 李明倩,译. 上海:上海人民出版社,2018.

第三节　美国联邦宪法

独立战争以前，北美的13个殖民地属于英国的领地。它们在立法、行政、司法这三个方面都不同程度地受英国政府管辖，或者说其政府权力行使的框架源自英国。自18世纪中叶开始，英国政府放弃此前对美洲殖民地的重商主义政策，并加强了对殖民地经济、政治和军事的控制。其后，英国政府决定对殖民地直接进行征税，引发了殖民地人民的强烈抗争，最终演变成为美国独立战争。为了抵抗英国殖民者，各殖民地推选代表召开大陆会议，共同商讨反英策略。

1775年5月10日，第二届大陆会议在费城召开，并于1776年7月4日通过了托马斯·杰斐逊起草的《独立宣言》。1777年11月15日通过了《邦联条例》，并于1781年3月1日获得了新独立的13个州的全部批准，开始生效。《邦联条例》规定的联邦政府是由各州组成的一个松散的联盟或邦联组织，各州仍然保持完整的主权。邦联政府并未设立行政和司法部门，只有一个国会，且其权力受到严格限制①。

在当时，依据《邦联条例》组成的美利坚联盟的13个"联合起来的邦国"其实是极度分裂的……已有的13个独立的主权邦各有自己的文化和政治传统，其利益各不相同而相互竞争②。于是，1786年，邦联国会召开了一次大会，旨在修改《邦联条例》以解决政府危机并维持合众国。随后，1787年5月至9月，在费城召开了会议，除罗得岛州外的各州都派代表参加了会议。但是，与会代表超越了其授权，将这次修宪会议转变成制宪会议。

在设立何种政治制度上，大州与小州意见分歧较大。因此形成了两个不同的治理方案。大州倾向于有利于其自身的弗吉尼亚方案，该方案主张在宪法之上建立一个崭新的全国性政府。具体包括：（1）建立一个两院制议会，两院代表按照各

① 韩大元. 外国宪法[M]. 北京：中国人民大学出版社，2005.

② （美）理查德·毕曼. 美国宪法导读[M]. 刘雁，译. 北京：商务印书馆，2016.

州人口的多少比例选出，下院民选，上院州议会选举；（2）议会选举产生并建立一个全国性的行政机构；（3）建立一个全国性的司法机构，由议会进行任命。相反地，小州则倾向于有利于其本身的新泽西方案，该方案主张：（1）各州代表权平等，会议无权改变这种安排；（2）国会制定的法律乃国家的最高法律；（3）国会管理贸易和征税，国会选举若干人组成行政机关，并任命一个最高法院。

由于对政治代表权存在较大的争议，当大多数人要求采纳弗吉尼亚方案而不愿意考虑新泽西方案时，那些人口较少的州以拒绝继续参加会议威胁，因而产生了悬而未决的僵持状态。这种僵局之下产生了“康涅狄格妥协（Connecticut Compromise）”的治理框架。这一框架要求建立一个两院制的议会，其中参议院的各州代表权平等，每个州的议会选出两名成员，众议院各州代表权依人口比例分配。当代表权问题解决之后，诸如蓄奴、税制、行政首长以及商业等问题也都伴随着相互的妥协迎刃而解。制宪会议对许多问题的妥协方案如此之多，以致有人称联邦宪法是“一大堆妥协的规定”，而康涅狄格妥协方案也被称为伟大的妥协（Great Compromise of 1787）。美国宪法的原则是，拥有诸多的最高权威机构，并希望这种主体的多样性能够弥补其次要性①。

1787 年 9 月 17 日联邦制宪会议表决通过宪法文本，至 1788 年 6 月 21 日，新罕布什尔州议会通过接受新的联邦宪法时，宪法获得所需要的 9 个州的批准而生效。随后，弗吉尼亚州于 1788 年 6 月 25 日和纽约州于 1788 年 7 月 26 日分别批准宪法文本，其权威在全美境内得以正式确立。在美国宪法研究领域，一般认为《邦联条例》是一个失败的尝试，而 1787 年宪法才是一种使联邦政府更为强大、更为集权的文件②。这部宪法，也被认为是世界上第一部成文的宪法，也是世界上适用时间最长的宪法③。

美国宪法制定之初非常简洁，除了序言外只有 7 条正文。随着社会经济的持

① （英）沃尔特·白芝浩. 英国宪法[M]. 夏彦才，译. 北京：商务印书馆，2005.

② （美）劳伦斯·M. 弗里德曼. 美国法律史[M]. 苏彦新，译. 北京：中国社会科学出版社，2007.

③ 马立武. 美国高等教育发展与宪法权利保障[M]. 沈阳：辽宁人民出版社，2013.

续发展和政治结构的逐步完善,陆续出台了 27 条新增的修正案,构成了现行美国联邦宪法的体系架构和基础条文体系。其中,宪法第五条规定了宪法分为提案和批准两个法定修订程序。修宪提案可以由国会提出或者经三分之二州议会请求,由国会召集制宪会议提出。对于国会所提出的宪法修正案,不需要总统签署即可生效,总统对修宪提案并无否决权。然而到目前为止,从未使用过第二种方式来提出宪法修正案。

同时,虽然宪法条文和修正案简洁明了,但由于宪法本身的严肃性,进入宪法条文意味着成为最高的法律权威。因此,对于哪些条文能够进入宪法条文也需要经历反复的讨论和慎重的表决。例如,《权利法案》最早的十二条修正案之一直到 1992 年才被批准成为第二十七修正案,这表明将法律原则纳入宪法体系的谨慎程度,也从一个侧面说明了宪法条款修订的复杂性。宪法修正案的批准方式也存在两种,一种是经由四分之三的州议会批准生效,另一种是经由四分之三的州制宪会议批准。国会有权决定采用何种方式通过。在所有 27 条宪法修正案中,除第二十一宪法修正案是经由四分之三的州制宪会议批准而生效外,其余的 26 条宪法修正案都是提交各州议会,获得四分之三的州议会批准而生效的。

1789 年以来,在联邦宪法的框架之下,各州通过不断修正本州的州宪法来实现更好地服务于本州的目的,改善本州的基本法治环境,逐步完善其自身的公共治理水平和模式。1789 年以来,美国各州提出了 5000 多条宪法修正案,其中 69.3% 是在 1982 年到 1989 年之间提出并采纳的。到了 20 世纪 90 年代,美国各州的人权法案,有 87.5%实际上已经被改变 [①]。这些宪法修正案不断完善宪法文本的具体内容和权威解释,其具有的立法层级在各州也是最高的,成为美国司法系统司法审查过程中参考的重要依据。

美国建国采用了自上而下形成的联邦制的传统,由联邦和州进行分权,各自享有不同的权利,而两级政府则同时拥有征税权。美国宪法对这一联邦制度进行

① 李世安. 美国宪法改革与人权政策[J]. 史学月刊,2001(5):100-104.

了确认，明确在中央政府和地方政府之间分配政府权力，每个政府在其职权领域内理论上都是至高无上的，地方政府就其管辖事务拥有独立主权。美国宪法第 6 条第 2 款规定："本宪法，与依照本宪法所制定的合众国法律，及以美国的权力所缔结或将缔结的条约，均为全国的最高法律。各州法院之法官均应遵守之，即使宪法与任何州的宪法或法律有抵触的内容。"该条款是联邦管辖人民的权力依据，也就是所谓的"联邦至高条款"。总的来说，联邦至高条款使得法庭判案时倾向联邦政府①。

美国现行联邦宪法二十七条修正案中，前十条修正案于 1791 年 12 月 15 日生效，主要规定公民权利，包括言论自由、信仰自由、出版自由等，以及联邦宪法正文中未列举的公民权利。这十条修正案一起，也被称为《权利法案》。"人民借以创立政府机构的社会契约——宪法——其中最突出的就是用来保障尊重个人权利"②。从美国宪法的判例中，我们可以看出宪法的适用原则。与教育相关的判决主要涉及《权利法案》中的基本原则，大部分案例的裁决也集中在这个方面。这是因为教育本质上与个人的基本权利密切相关。可以说，个人教育权利是美国宪法所需要保护的核心内容之一，也是联邦宪法条文对教育现象进行解释的重要依据。权利法案明确了美国教育法治的核心内容和原则。

第四节 美国宪法实施的核心原则

在美国在 18 世纪的革命者，虽然否定了英国的君主制和阶级体制，但保留了大量的普通法传统……在每一次此类彻底变革中，革命领袖都将许多传统元素编制进入他们的新美国政府系统③。从客观上来说，宪法的成文先于美国建立，当宪法获得新成立的州三分之二通过时，联邦才得以成立，具备宪法意义上的合法性。

① （美）理查德·毕曼. 美国宪法导读[M]. 刘雁，译. 北京：商务印书馆，2016.

② （美）路易斯·亨金. 宪政与权利[M]. 郑戈，译. 三联书店，1996.

③ （美）布鲁斯·阿克曼. 建国之父的失败：杰斐逊、马歇尔与总统制民主的兴起[M]. 江照信，译. 北京：中国政法大学出版社，2017.

这也就意味着宪法是这个联邦存在的基本依据，宪法的发展和美国历史的发展具有统一性，因此宪法中所体现的基本原则本身就是美国联邦政府和美国社会所坚持的基本原则。整体来看，美国人将“可敬的法律框架视为社会赖以成长的骨骼”①。从这个意义上理解，美国宪法实施的核心原则是美国精神的浓缩和体现。

一、分权制衡

对公共政府的自我限制成为美国联邦政府设立时的核心目的。詹姆斯·麦迪逊在《联邦党人文集》第51篇中写道：“如果每个人都是天使，政府就不需要存在。如果组成政府的人都是天使，那么对政府的外部和内部控制都将成为多余的。设计一个由人来管理人的政府时，最大的难点就在于此：你必须让治理者首先具备控制被统治者的能力，然后让治理者有责任控制他们自己。”② 基于这样的原则，美国宪法制定者设计了分权与制衡的政府结构，以确保不同政府部门之间的公共治理能力能够达到一种动态的平衡状态，从各自坚守的价值出发，讨论和协调不同社会资源。

通过结构化的设计，宪法把政府的权力交由不同的政府部门行使，形成一种权力平衡的状态，从而达到权力限制的效果。具体而言，政府从事公共治理活动所必要的权力通过立法、司法、行政三个部门行使，即立法职能由国会行使，实施或执行法律的行政职能由总统所领导的支持系统来行使，司法职能由法院行使，在联邦政府层面就是联邦最高法院。政府分权的目的在于防止权力垄断，避免绝对的权力导致绝对的腐败。这样，联邦主义也成为宪法实施中最基本的原则之一。允许各州充分自治，通过政府分权，能够更好地捍卫政治自由的终极目标③。同时，分权治理理论也认为，权力分散将导致效率低下，甚至形成政府治理的僵局，因此，分权与制衡双重的治理活动不可分割，形成统一整体。最终，通过分权与制衡的互动，

① （美）丹尼尔·J. 布尔斯廷. 美国人殖民地历程[M]. 时殷弘，译. 上海：上海译文出版社，2012.

② （美）亚历山大·汉密尔顿. 联邦论：美国宪法述评[M]. 尹宣，译. 北京：译林出版社，2016.

③ （美）斯蒂芬·卡拉布雷西. 美国宪法的原旨主义[M]. 李松锋，译. 北京：当代中国出版社，2014.

将使二者在政府治理过程中达到平衡的状态。这也最终符合现代政府发展的理论,从全能走向权限,形成社会治理,即"指在一个既定的范围内运用权威维持秩序,满足公众的需要"①。

美国宪法的根源在于人民的同意,在制宪者看来,人民的意愿成为宪法的根基。一般也认为人民是决定政府形态和政府如何运作的最后仲裁者,政府善治的评价者就是民众。这一观点也是蕴含在有限政府理念之中的,在美国宪法序言中这样描述,"我们美国人民,为着建立一个更完美的合众国、树立正义、保证国内治安、筹设国防、增进全民福利并谋吾人及子子孙孙永享自由的幸福起见,特制定美利坚合众国宪法。"人民作为终极的权威,他们仅赋予有限的权力给政府,这也是有限政府的基础。《独立宣言》以政治纲领的形式提出了"天赋人权""主权在民"的思想,其确定的公民权利平等原则不仅仅限于人权问题,更本质地说,它已构成现代宪法政治的基本原理,涉及政府的权力来源、政府的功能与职责、政府与人民的关系、政府的合法性等基本问题,成为现代宪法理论的重要渊源②。

具体而言,宪法中列举的公共权力和职责,是人民授予政府的,同时将那些没有在宪法中描述的权力则保留给了自己。这种制度建构源自于社会契约理论上的规定,意味着联邦政府只能享有和行使有限权力。这种有限性在宪法上的表达就是"权力列举"的方式,模糊权力表述在宪法上不具备存在的合法性。美国联邦政府所享有的列举权力大部分规定在联邦宪法第一条第八款当中,其余的列举权力则散见于宪法的其他条款当中。与联邦政府一样,美国地方州政府的权力同样受到限制,主要体现在联邦宪法第一条第十款第一、第二和第三项对于设立军队、战舰、缔约、结盟或交战等。

通过这样的制度设计,联邦宪法以最高法的形式,构建了美国立法、司法、行政三个部门以及联邦和地方不同层次政府的权力制衡,及其对公共权力的整理限制。政府所拥有的公共权力在宪法设定的框架之下,在不同机构之间持续互动博弈,进

① 俞可平. 治理与善治[M]. 北京:社会科学文献出版社,2000.

② 戴木才,彭隆辉. 现代政治伦理的发展潮流[J]. 伦理学研究,2019(5):1-11.

而维持一种动态的平衡状态。可以说，权力划分和管辖权限也因此成为美国法院系统进行宪法审查的重要方面，对美国联邦最高法院受理联邦上诉案件和处理联邦问题提供了初始依据。

二、权利保障

与“有限政府”原则相互印证并形成支撑的另一个重要宪法原则就是权利保障。个人的权利通过联邦及州宪法对政府权力进行限制得以实现。可以说，有限政府与权利保障互为手段和目的。这也是美国教育发展过程中被联邦最高法院用来衡量判断教育权是否被剥夺的重要价值工具。被称为《权利法案》的美国联邦宪法前十条修正案赋予公民言论、新闻、宗教、集会、免于受到不合理搜查、扣押及自证其罪、获得正当法律程序保护及公平补偿等基础性的权利和自由。这些基础权利构成了普通民众权利体系的基础框架。权利保障的基本原则始终贯穿于美国宪政历程的始终，也成为美国司法体系运用“司法审查”制度的重要标准。对于民众权利的保护边界成了对政府权力限制的边界，政府权力和民众权利紧密相关，构成了相互依存的关系。政府行为不能违背民众的根本利益，也需要代表人民的根本利益，其行为的根本目的也在于实现人民的权利。这样的政府权力与民众权利平衡和的观念来源于传统的社会契约理论。美国法吸收和继承了流行于欧洲大陆的社会契约论的基础原则，因而其宪法体系保留了广泛的个人自治权、自由权和豁免权，用以表达政府与民众之间的契约精神。可以说，宪法在本质上成为个人创设政府机构的基本契约，也因此成为限制政府的合法文本依据，这是社会契约论的现代法律解释。

从总体上分析，美国联邦宪法赋予公民的权利和自由是开放的，其涵盖范围非常广泛，可以约束立法、行政、司法等不同的权力机关，同时也适用于联邦和地方各级政府。宪法规定的不仅仅是国家政府机关活动的抽象原则，而且司法审查制度的建立也使得宪法和法院获得了国家强制力，以保障公民享有充分的权利和自由。马克思主义学说认为经济基础决定上层建筑，作为上层建筑重要组成部分的公民权利，“永远不能超出社会的经济结构以及由经济结构所制约的社会的文化发展”①。

可以认为，美国宪法仍然是以美国社会生活领域最为具体的现实经济结构和社会结构为基础的，并不能脱离具体的历史社会物质发展现状。这也就意味着，宪法条文积累和总结了美国历史和社会发展过程中有关政治、法律以及社会生活的诸多内容。它是长期历史发展的经验总结，成为普通民众的权利和自由保护的根本指南，也成为本土领域内法治文化形成和制度建设过程中的重要影响因素，同时也指导了许多司法领域的裁判案例和处分原则的形成。

三、遵循先例

无论设计多么精巧，司法体系存在的根本目的就是为了规范行为、解决纠纷，并通过形成成文律法或者判例文本来指导人们的行为，以达到控制社会的目的，这是法律的基本功能之一。但是，社会生活的现象是纷繁复杂的，需要确定而简洁的标准才能够判断每个社会成员，包括法人的行为是否符合主流价值观和道德观。在美国，法官在审理案件时，一直遵循司法先例的基本原则进行判断，这是美国法律借鉴英美法传统和遵循判例法原则的重要证据，也源自于英美法的法治传统。

“司法先例（judicial precedent）”在普通法系中具有独特的含义，指的是：一个已经判决的案件以及由此产生的法院判决，被认为是为后来发生的相同或类似的案件或类似的法律问题提供了范例或权威性的法律依据，具有司法审判上的权威性。除非被后续的判决所推翻，一般情况下具有一致性特征的司法审判要求案件审理必须遵循已经判决案件所适用的原则，并受其约束。先例判决的成立既依赖于先前的事实要素，也依赖于新添加的事实要素。经过这样一种加工和修正的过程，先例判决在某种程度上得到“重新的理性化”。因此，可以认为先例判决本身是一种理解法律和制度的文化。通过这样的文化，将先前确定的原则适用到后续类似的案件中，根据不同的事实来调节和改进对某些原则的理解，从而保障了法院

① 马克思，恩格斯. 马克思恩格斯选集：第3卷[M]. 北京：人民出版社，1972.

价值判断的一致性。

法院在审理案件的过程中，通过遵循先前判例中确定的原则进行审判，将先例中坚持的法治原则运用到新的案例中。通过这种方式，确保了案件审理的统一性和稳定性，以维持司法公正。从客观上看，之前经过审理的案件在事实或法律原则方面与后续审理的案件相近，可以作为法官判决的参考。由于美国联邦最高法院拥有宪法解释功能，因此每一个宪法判决都在不同程度上解释宪法，要么是对现有原则的补充解释，要么就是对现有原则的再次强化，进一步确认先例的权威性和适用性。在这样的情况下，我们通常用“先例判决”来形容这些可供参考的判例。这种做法也构成了普通法的传统之一，被美国法所继承，也成为美国社会生活领域习以为常的法律文化。而我们通常意义上的判例法则是指由这些先例判决所确立的原则、规则、规范、技术等的总称。

在普通法的框架下，先例判决成为具有独特形式的法律源泉，被视为法律的正式形式和来源。尽管判例在表现方式上不同于成文法或其他形式的法律，但它同样具有和成文法律相同的权威效力。在遵循先例的条件下，法院裁决，特别是终审法院的裁决文书构成了法的一般和正式源泉。因此，判例法传统与“遵循先例”的普通法原则密不可分，成为美国法院运作过程中遵循的基本原则。判例法之“先例”原则使得后来的法官和法律从业者从先前的判决中寻求法律依据和支持，同时也强制性要求判例中的原则或规则在相似案件中适用。

英国的判例法是英美法传统历史发展过程中最主要的法律渊源之一。其起源可以追溯到12世纪，各级法院在司法实践中形成了普遍适用的原则和制度。到13世纪末，法官在处理案件时开始不断地引用先例，并逐渐形成了参考先例判决的司法传统。随着司法实践的丰富，遵循先例的原则逐渐发展成熟，先例判决也具有了指导和示范功能。到16世纪，法官判案时引用先例的做法已经被作为惯例确定下来，成为普通法的内在特征之一。

在英美判例法的运作中，良好的判例法运行需要满足多个先决条件，其中包括及时公布的判决以及能够灵活解释判决的法律专业人士。可以说,那些法律职业人根据案件事实反映出来的逻辑判断力以及运用法律原则进行自由裁量的能力决定了法律实施的质量。同时,及时公布和公开案例也成为后续判决援引的基础条件。随着这些判例法的条件在17世纪逐渐得到满足,在经过工业革命社会经济变革的洗礼和重构后,现代判例法的体制于18~19世纪最终确立起来。现代判例法对英美法体系的构建以及普通法下的社会生活影响深远。

在1898年的伦敦街道有轨电车公司诉伦敦市政府一案中,英国上议院在判决书中强调了先例判决的法律效力,“上议院绝对地服从它本身先例判决的约束,只有英国国会的立法才能改变上议院的判决”,这也就再次认可了法官立法的传统。自伦敦街道有轨电车公司案之后,遵循先例的司法审判规则被英国法院普遍接受,也最终被确定为整个判例法体系的核心原则。而这也意味着,遵循先例的原则让“先例判决”本身也拥有与法律相同的效力和权威,在不同的社会生活实践领域起着指导和规范人们行为的作用。而在司法审判中创设先例的过程,事实上也成为法官立法的重要表现。

美国的判例法源于英国的判例法传统,也借鉴了英国的普通法司法体系。作为英国的原殖民地,美国在一定程度上继承了英国的法律制度,但并没有全盘照搬。新大陆的开拓者根据所处的殖民地具体环境,经过谨慎的选择,保留了具有法治精神的判例法核心,并结合自身特点不断改造。这种选择性地将英国法吸收借鉴,体现了实用主义原则在立法和司法领域中的应用。斯托里(Story)大法官在范尼斯诉帕卡德一案判决书中就强调过英格兰的普通法并没有被美国各方面所接受。而施瓦茨也提出,“到殖民地结束时,美国人在创立宪法的道路上已经走了很远”。

独立战争之前的殖民地区域由于资源环境所具有的显著特征而导致无法适用全部的制度和传统。英国的普通法最早仅在没有被习惯法替代的地方运用,也只是被殖民者视为一种辅助性的法律系统。18世纪,南部英属北美殖民地的种植园经济逐渐形成，社会经济状况和英国逐渐接近。到18世纪中期，全国性的统一市场逐步形成，经济交往进一步复杂化，出现了商业贸易、契约合同等市场化纠纷，宗教或者简单的世俗法规已经难以解决这些纠纷，普通法的推广成为社会发展的必然要求，这更加有利于统一社会价值标准以及统一地规范人们的行为。

随着殖民地经济的发展，复杂的社会现象需要更多的规范加以约束，同时与宗主国的经济交往也越来越频繁，原来不受殖民地人民重视的英国普通法在殖民地也开始有了更高的地位，获得更多的尊重，人们也试图在英国法的框架内持续寻找和选择符合殖民地自身发展的社会规则。这个时期，殖民地法律职业阶层开始形成，法律书籍渐渐增多，有一部分受过专业训练的律师也从英国来到美国，传播了英国的普通法传统，进而影响了北美地区的法律传统，并影响了美国司法体系的形成。美国独立前夕，殖民地已经形成了相对完整的法律职业制度和环境，只不过体系还比较松散。这些社会发展的客观现实，不但"强化了遵循先例的传统，也事实上促进了美国特有的司法传统形成。随着时间的流逝，先例能够缓慢地严谨，……并逐渐适应不断变化的条件"[①]。

在美国遵循先例的传统中，先例主要来源于上诉法院的判决结果。初审法院的判决意见不公布，联邦初审法院和少数几个州的初审法院判决除外[②]。按照普通法的传统，法官仅有权裁判那些法律纠纷事项。这些判决将成为有约束力的法律渊源，被后续的法官所引用，并逐渐成为需要遵循的社会一般规范。在遵循先例的原则指导下，判例作为法律渊源的重要内容能够有效弥补立法渊源的滞后性，从而维护法律的稳定性并保障司法的权威。

四、司法审查

司法审查是美国司法体系中较为特殊的一项原则和制度，从历史发展上看属于美国联邦最高法院系统"创设"出来的一种特别司法权力。司法审查最早并没

① （美）杰克·巴尔金. 活的原旨主义[M]. 刘连泰，刘玉姿，译. 厦门：厦门大学出版社，2015.

② （美）艾伦·法恩思沃斯. 美国法律体系[M]. 李明倩，译. 上海：上海人民出版社，2018.

有在宪法中明确表达,而是通过法官的司法实践争取而来,成为平衡各个公共部门公权力的重要工具和手段。所谓司法审查,是指美国联邦法院审查国会和总统行为是否符合联邦宪法,审查州立法、行政、司法行为是否符合美国联邦宪法、条约和法律,并宣布违宪行为无效的权力[①]。美国司法审查的核心概念是法院有权认定立法机关以及行政机关的行为是否有效。实际上,这形成了一种"监察"权力,它以司法权为基础,对立法权和行政权进行监督,因此也成为实现三权分立的重要保障性制度之一。

19 世纪初,马歇尔法院首次利用联邦最高法院判决的形式提出了司法审查这一概念,深刻地影响了美国法的发展。1803 年,在马伯里诉麦迪逊案中马歇尔大法官阐述了这一原则。马歇尔遵循了汉密尔顿在《联邦党人文集》中所提出的,将司法审查权附着在法院对宪法的解释权之上的原则,通过该案判决描述了司法部门应有的职责与权限,对司法部门的公共权力以及对法律的解释权进行了详细的描述,从而巧妙地通过赋予联邦最高法院对宪法的解释权,来审查相关立法文件的效力问题,这也就构建了司法审查制度的最初形态,也巧妙地通过法律的专业性获得了宪法层面的监督权。

马歇尔大法官在判决中描述到,司法部门的职权和责任的重点,在于说明法律是什么……因此,如果一部法律与宪法相悖,并且该法律与宪法都适用于某案件,那法庭必须有所决定:此案要么适用于该法律,而置宪法于不顾;要么适用于宪法,而置该法律于不顾。法庭必须决定相冲突的法规中哪些适用于本案。这是司法职责的根本所在。因此,如果法庭尊重宪法,而宪法高于任何普通法规,那么对于同时适用于二者的案件,就必须以宪法——而不是该普通法规——来判决该案[②]。

司法审查制度确定之后,法院系统拥有了对立法权的有效监督手段和工具。随着美国法治转型的逐步完成,美国法自身结构也日渐清晰,司法审查制度的内在

---

① 雷安军. 美国司法审查制度及其理论基础研究[M]. 北京:中国政法大学出版社, 2011.

② (美)理查德·毕曼. 美国宪法导读[M]. 刘雁,译. 北京:商务印书馆,2016.

逻辑也逐步被社会接受，成为美国公共治理过程中的重要原则。同时，随着司法审查相关判例的推动，美国宪法框架下的法律技术完善了有限政府的理论和实践，法院成为司法系统有效制约立法和行政部门的重要部门。由此，联邦最高法院通过设立违宪审查制度“使美国事实上拥有一部很大程度上由司法的和非司法的先例构成的普通法宪法”[①]。

美国法院享有司法审查的权力，这是美国和英国司法制度之间最显著的区别。在马伯里案的判决中，联邦最高法院“谨慎地”解释了司法审查权的作用，主要是通过逻辑推理和循序渐进的方式来解释法官对法律的解释是否合理，尽量避免引起国会和其他部门的反对。正因为如此，虽然联邦最高法院通过自身的努力从事使司法系统获得了审查权，但是却一直小心使用，害怕因为其激进的行为而影响这一制度的实施甚至生存。此外，联邦最高法院也并不清楚在实施司法审查权之后，立法机构和其他政党的真实反应是什么，也害怕自己成为政党斗争的牺牲品或者被政党斗争所利用。

从联邦最高法院自身的利益出发，在马伯里案后的50年时间里，联邦法院并没有明确运用这项权力来对抗国会，而联邦政府也谨慎地维持着该司法审查权，并未对这样一种“衍生”出来的司法权形成挑战，因而成为双方妥协的结果。但与此同时，这项武器被频繁地用来审查州的法律[②]。在司法审查权力的制约下，联邦法院有权监督立法机关和政府部门的工作，以宪法原则和文本作为衡量公权力行使的标准，并以此对政府的立法行为和行政行为进行审查判断。德沃金教授就认为法官对宪法的解读捍卫了宪法的原则[③]。时至今日，司法审查制度已经被美国社会接受，成为政治制度不可分割的重要组成部分，也构成了美国宪法实施领域中的重要调节工具，也在客观上起到了法律普及的作用，进一步增强了宪法的权威。这一

---

① （美）杰克·巴尔金. 活的原旨主义[M]. 刘连泰，刘玉姿，译. 厦门：厦门大学出版社，2015.

② （美）劳伦斯·M. 弗里德曼. 美国法律史[M]. 苏彦新，译. 北京：中国社会科学出版社，2007.

③ （美）德沃金. 自由的法：对美国宪法的道德解读[M]. 刘丽君，译. 上海：上海人民出版社，2001.

判决使法官拥有了正当的权利，针对政客以宪法的名义进行立法[①]。美国司法系统，特别是联邦最高法院，在解决教育争议问题方面承担了一定的作用，通过司法审查参与教育政策的制定，从而影响了美国公立教育的发展[②]。从司法审查的具体功能而言，形成了一种立法的客观效果。当这样的司法审查权进入教育领域时，意味着教育现象的某些方面成为宪法原则考量的对象，并将通过宪法的尺度进行衡量。

任何社会都存在备受争议的教育问题，美国社会也不例外。特别是随着现代社会的发展，教育现象趋于复杂，更加需要具有公信力的制度来解决和调和问题和矛盾。因此，有学者认为，在美国教育司法领域的实践中，司法审查成为了解决教育根本争议的重要纠纷解决机制。在司法审查制度的约束下，法院系统为评价和判断政府的公共教育管理行为设立了明确而规范的司法标准，并对一些政府教育管理活动中需要遵循的基本程序和原则进行了反复强调。据统计，在 1789—1896 年的 108 年的时间里，美国各州和联邦共受理教育案件 3096 起，而在 1947—1956 年的 10 年时间里则受理了 7091 起教育案件。在 1967—1990 年的 20 多年的时间，仅联邦法院受理的教育案件就达 800 多起。而整个 19 世纪，联邦法院才受理了 1109 起教育案件[③]。

教育案件数量的激增说明教育领域中的权利冲突和价值判断争议日益活跃，因此成为美国政治生活中的热门问题，教育冲突成为社会关注的焦点。联邦层面教育案件的增加也说明案件的复杂程度逐步提升，联邦最高法院在教育司法领域中的能动作用越来越明显，影响力越来越大。通过联邦司法判例和司法审查制度，美国教育体系和教育司法体系得以不断完善，教育管理方式也更具权威性，成为调整和规制公共教育发展的重要政策工具。

---

① （美）布鲁斯·阿克曼. 建国之父的失败：杰斐逊、马歇尔与总统制民主的兴起[M]. 江照信，译. 北京：中国政法大学出版社，2017.

② 程晋宽. 美国教育司法制度论析[J]，外国教育研究，2002，29（1）：52-57.

③ 程晋宽. 美国教育司法制度论析[J]，外国教育研究，2002，29（1）：52-57.

五、联邦最高法院的受案范围和择案标准

正如托克维尔所说,在美国,任何一个政治问题都可能转化为法律问题。因此,对于对政治格局影响重大的教育议题也不例外,社会领域的重大教育矛盾也必须通过法律途径加以解决。美国联邦最高法院不仅仅是一个单纯的司法机构,同时也是一个政治机构。克鲁斯克(Earl. R. Kruschke)和杰克逊(Byron. M. Jackson)就认为,公共政策是政治系统的产出,通常以条例、规章、法律、法令、法庭裁决、行政决议以及其他形式出现,它可以被视作是一种连贯的反复运用的行动模式①。在现代社会,公共政策的法治化已经成为一种潮流,而且司法判决对公共政策产生的影响也更加突出,教育领域的政策法治化也成为不可回避的问题。

法律具有权威性、稳定性、语言的规范性的特点②。这些都为政策法治化提供了必要支持,也成为法律介入公共政策领域的重要保障,或者说,法律具备这些特征使得政策采取法律形式将能够得到更为有效的实施,有利于公共治理的规范化。教育对于社会发展来说至关重要,关键的教育议题备受瞩目,进而成为公共议题。凡是涉及美国社会根本性以及发展性的教育问题和争议,通常都会进入司法领域,从而被联邦最高法院审查。经过审理,最高法院的大法官确认的司法原则会被吸纳为先例判决中的核心解释,对教育政策起到调整作用。严格意义上,法律问题和政治问题关心的领域与价值不同,但是在联邦最高法院这里,二者被视为一体。两者互为手段,通过制度性的手段为社会明确应当遵守的核心价值。

联邦最高法院将关系美国社会发展的根本准则通过法律的方式固定下来,决定什么是美国社会最重要的价值,塑造和修正着社会发展的方向,从而持续发挥其政治功能。也通过这样的方式,联邦最高法院不但在美国社会生活中占有重要的政治影响和显赫地位,也真实地发挥了定纷止争的社会功能。美国联邦最高法院能够将某些议题推至公共议程之中,同时也能将某些议题拿下,实际上决定了哪些

---

① (美)E.R. 克鲁斯克,(美)B.M. 杰克逊. 公共政策词典[M]. 唐理斌,译. 上海:上海远东出版社,1992.

② 张乐天. 教育政策法规的理论与实践[M]. 上海:华东师范大学出版社,2009.

问题能够进入公共讨论的空间。它能够终结那些在一般文化中业已过时的法律，但却可以在某些孤立的领域维持相应的法律，或者以下列方式保护那些法律：允许一般文化在其他领域推进相关法律目标。……当然最高法院和一般文化之间可能存在裂口，这就使得最高法院的裁决显得特别的重要而紧迫，那时就总会产生完全意想不到的结果：比如布什诉戈尔案的裁决解决了2000年大选问题[①]。布什诉戈尔一案是否代表了“法律主治”的凯旋，依然大有可商榷之处。但是，“比这一点更重要的是，它表明，一个人在解读像美国宪法这样含义相当模糊的文件时采用的方法，在很重要的程度上取决于法官自身的政治意识形态”[②]。

在公共教育政策的制定与执行中，同样存在偏好。“偏好”反映的是政策主体对于如何解决教育问题的不同认识倾向以及政策主张，其核心是关于教育利益分配的不同认识和主张。这一直是教育政策关注的核心问题。事实上，将一些教育利益分配给一些人而不是另外一些人，就深受政府的看法、主张和偏好影响[③]。因此，有的时候最高法院也不可避免地扮演着政策制定者的角色，时常会通过自身的“积极作为”而充分地反映着公共治理的诉求。这也使得最高法院的决定通常与民意恰好重合[④]。

不同的法院多元化的决策观念，反映出法官的不同政治态度，从而影响其断案的倾向性。法官作用的大小随着社会和时代的不同而变化[⑤]。虽然在制度上司法系统是中立的裁判机构，必须坚持中立的价值，但是由于法官作为个体也是社会生活中的一员，因此有时并不能完全排除其所具有的政治态度以及价值选择。特别是在不同任期中，首席大法官的态度可能影响更为深远，因此通常也以首席大法官的名称来命名不同的最高法院历史发展阶段。例如，在美国最高法院发展史上

---

① （美）马克·图什内特. 分裂的法院：伦奎斯特法院与宪法的未来[M]. 田飞龙，译. 北京：中国政法大学出版社 2011.

② （美）罗伯特·麦克洛斯基. 美国最高法院：第3版[M]. 任东来，译. 北京：中国政法大学出版社，2005.

③ 陈学飞. 教育政策研究基础[M]. 北京：人民教育出版社，2011.

④ JEFFREY ROSEN. The Most Democratic Branch[M]. New York：Oxford University Press，2006.

⑤ （美）昂格尔. 法律分析应当为何[M]. 李诚予，译. 北京：中国政法大学出版社，2007.

起举足轻重作用的沃伦法院就有其明确的政治观点，他们坚持与“民主党同心协力，致力于实施宪法中的新政/伟大社会视野中的内容”[①]。

这种法院积极作为的理念反映出法院系统对社会关切回应的态度，有时候也被称为司法能动主义。不仅如此，最高法院每一个大法官作为独立的个体也有自己的倾向和特定的兴趣。“每个人都知道马歇尔对死刑案件尤其感兴趣，布伦南也曾经一样；布莱克曼关心堕胎问题；鲍威尔特别关心学校问题；过去布伦南对第四修正案的问题有强烈兴趣，现代的伦奎斯特也一样”[②]。也由此看出每位大法官的个人兴趣迥异，他们选择和对待案件的角度也自然不同。出于实务操作的目的，大法官在审查案件时拥有充分的自由裁量权，可以自由决定是否接受当事人的申请。换言之，最高法院对于所有申请案件拥有充分的控制权[③]。正是这样选择案件的无限自由裁量权，让最高法院一定程度具有了“政治机器”的功能，而最高法院的大法官们也在其中扮演着“政治家”的角色。早在殖民地时代，如何选择法官以及法官如何行为是一个政治问题，并且当时这一点得到空前绝后的充分体现[④]。

在如何处理和选择教育政策问题上，弗雷德·库姆斯就将政策价值视为相互冲突的教育标准。他认为，不同的教育政策所依据的不同标准名目繁多，不胜枚举，但在进行试图说明某种政策选择更为合适的政治描述时，有三个标准显得非常突出，即质量、公平和效率，其他还有“社会”、“自由”或者“地方控制”等[⑤]。一旦联邦最高法院处理与教育相关的案件或者处理的案件涉及教育问题，最高法院的大法官都需要从法律选择和法律解释的角度来判断该教育问题涉及的内在价值与主

① （美）马克·图什内特. 分裂的法院：伦奎斯特法院与宪法的未来[M]. 田飞龙，译. 北京：中国政法大学出版社，2011.

② （美）佩里. 择案而审：美国最高法院案件受理议程表的形成[M]. 傅郁林，译. 北京：中国政法大学出版社，2010.

③ （美）杰佛瑞·A. 西格尔，哈罗德·J. 斯皮斯，莎拉·C. 蓓娜莎. 美国司法体系中的最高法院[M]. 刘哲玮，杨微波，译. 北京：北京大学出版社，2011.

④ （美）劳伦斯·M. 弗里德曼. 美国法律史[M]. 苏彦新，译. 北京：中国社会科学出版社，2007.

⑤ 陈学飞. 教育政策研究基础[M]. 北京：人民教育出版社，2011.

流价值标准之间的内在关联。或者可以说,一个与教育相关的案件能否进入最高法院的审查范围面临着诸多的不确定因素,但最终还是取决于大法官个人以及法院整体的政治偏好和价值判断。这也意味着作为政治家的法官必须思考如何治理国家的法律主张,从普通法传统中筛选出可行的内容,解决政治、社会和技术变革过程中所产生的纠纷和问题。

正如马歇尔在麦卡洛克诉马里兰州案中提到的,宪法的本质要求"只有宏大的框架才应该被指明,只有重要的目标才应该被指出,而构成这些目标的细节应该从目标本身的特性推导出来……我们必须永不忘记,我们正在解释的是宪法"。从技术上分析,一个案件能否进入联邦法院的管辖范围,取决于其中是否包含"联邦问题",这是案件进入联邦法院的必要条件。只有包含了这个核心要素,联邦最高法院及其他联邦法院才可能拥有对其的管辖权,而最终是否受理则完全取决于法官们的自由裁量。在案件的处理过程中,最高法院谨慎地选择进入审查的案例,并且判决相对温和,在分配社会价值的同时,尽量避免与其对手的直接冲突。

这也意味着,从公民个体的角度来看,联邦最高法院采用的是一种允许上诉制的再审前置程序,当事人并不一定拥有接受联邦最高法院审查的法定权利。根据统计,在所有寻求联邦最高法院复审的案件中,实际受理的不超过 5%。正是因为最高法院的判决在美国众多法院审理的案件中仅占极少数,并且与教育相关的案件并不多见,因此每一件涉及美国联邦最高法院与教育相关的判决都对美国社会产生巨大影响,值得深入研究。

第二章　家长教育权的变迁

第一节　作为基础权利的教育选择权

教育是伴随人类社会产生而存在的古老现象。从人类社会活动的基础结构来分析，家长和儿童构成了最基础的家庭环境，家庭是教育活动的自然场所。由于血缘所建立的自然关联，家长天然具有安排儿童各项生活和使其接受多样化教育的选择条件，这是一种自然状态。毫无疑问，儿童最主要的生活和成长空间就是家庭。从这样的自然现实考察，家庭作为最小的社会单位，在很大程度上承担了对儿童生存与发展等相关事务管理的社会责任。儿童社会属性的养成首先依靠于儿童自身作为家庭重要组成部分的客观现实。从法律、文化和法治的视角来分析，这种社会属性养成的责任以及家庭中家长与儿童之间的关系，主要通过现代法律体系中的“亲权”制度得以表现。亲权涵盖了家庭结构中原始的行为和关系，包含与亲属相关的权利义务，而与子女发展相关的受教育选择权则自然成为“亲权”的重要组成部分。

在现代社会法治化进程的推动下，儿童与家长之间的权利与义务已经从模糊逐渐清晰。随着时间的推移，双方在法律责任上甚至存在权利义务的相互转换。从家长对儿童的抚养义务，逐步过渡到成年子女对父母赡养、扶助和保护的义务。如果家长组织了家庭并生育了儿女，新的亲权关系也将得以建立。纵观各国与家庭和亲权相关的法律法规，家长对儿童的社会责任都纳入亲权保护的范畴，并将其确认为父母对未成年子女监护和教育的法定职责。这一法律问题虽然复杂，但确定无疑地根据各国的政治、经济、文化发展演变而来，体现着对亲属关系的社会认知。对未成年子女的教育职责已成为家长的法定责任。

随着现代社会的逐步发展和完善,个体作为社会整体的一部分也具有不可分割的社会属性。人的全面发展离不开与社会各部门的互动。可以说,社会本身也成了教育活动的重要场所,而社会性也构成教育的主要内容。美国社会的自治传统虽然盛行,但从殖民地时代开始,其宗教活动就占据了个人生活的重要领域。宗教的社群观念也因此一直成为社会教育的内容。在近现代社会的早期,家庭内部所持有的自治观念在殖民地早期和美国建国初期并未产生,个人价值在宗教价值的影响下并未明显显现出来。现代社会中,个人生活领域的自治问题是由内而外产生的,在不同的宗教信仰之下有着不同的解释。这种差异随着宗教信仰的多元化以及个体权利意识的增强而逐步增大。

对于信奉宗教的教徒而言,个体在各教派之间存在着自由选择的权利,但是教派内部则形成了相对封闭与独立的状态。可以说,在殖民地时代以及政教合一的政治状态下,个体的自由选择权必须符合宗教群体的整体价值观。个体进行极端的自由选择可能导致被宗教驱逐或被迫实施大规模的宗教迁徙。因此,这一时期个人的自由与外部的宗教环境密切相关。不同殖民地地区的教育状况和现实受到殖民地宗教环境的直接影响。对于教徒而言,宗教的权威高于一切。在各教派内部,选择权受到宗教思想的影响而相对集中。团体内部存在着“家长式”的权力行使模式。这种群体行为模式和集体意识影响了个体的家庭观念。宗教群体的利益对家庭教育价值观念的形成具有显著的影响,进而形成了符合殖民地特色的亲权结构和运行逻辑。在这样的现实情况下,殖民地时期形成的家庭教育观念受到强烈的宗教价值影响。宗教规则与群体秩序成为父母行使教育选择权时重要的制约因素。

在殖民地传统家庭生活以及基督教文化的影响下,美国社会早期形成了具有边疆特色的自治之风。其自治传统的核心概念以及过程要素受外部自然环境的影响很大,同时也具有较为明显的宗教特征。独立战争胜利之后,美国社会经历了民主化变革,“家长式权威”从宗教以及家庭生活领域扩展到了市民社会领域。在物质条件缺乏的外部环境下，政府逐渐具有了和宗教教会相同的家长制亲权基础和群体行为模式。旧的宗教权威逐渐从政治生活中退缩，传统的公共部门转化为私人部门，政府替代了教会所具有的家长式权威。

在相同的家长式权威结构的影响下，宗教和教会组织所代表的个人基本权利与新兴政府所代表的民主思想之间的观念冲突凸显出来。特别是当政府着手对民众实施教育行为时，发现政府的政策工具不足，因此需要利用有限的教育机构和现有的教育资源来传播新兴的主流价值和民主思想，这导致了冲突。政府行动在传统宗教观念影响下，遭遇到不同家长的对抗甚至抵制。虽然受到政教分离政策的影响，宗教的公共职能逐渐减弱，但其长期以来形成的既有观念仍然在家庭领域发挥着重要作用，并产生重要影响。政府替代教会实施教育的合法性开始受到质疑，并与曾经的主流社会价值产生冲突，面临着合法性的挑战。

在殖民地时期，传统家庭领域中的家长式权威在独立战争之后分化出偏重于家庭与国家的两种不同形式的"家长权利"。这两种权利关注的出发点不同，附着不同的价值观念，并逐步转化为社会权利和个体权利之间的冲突和融合。同时，随着个体权利意识的增强，在高等教育阶段，由于受教育者已经具备了完全的民事行为能力，其本人有时也会作为诉讼的一方主体加入教育纠纷中，为自身的权利寻求救济。可以说，教育作为一种社会生存与延续的必要条件，自然衍生出社会属性和个体属性的双重特征。在接下来美国社会所经历的多重现实冲突下，这种双重特征开始多元化演变，形成了各种层级和针对不同层级和面向的管理制度和规范。因此，不同法律关系下的学生和家长关系，以及社会制度和法律关系的多元化，也成为社会教育的重要内容和教育活动的基础法律关系。

教育权作为影响个体生存和发展的基础权利，通常在各国宪法中被规定。因此，在对其进行价值认知时，首先应当确定教育行为的法律本质，即宪法层面对待个体教育的法律定位以及国家对教育进行管理的权力设定方式和理由。具体而言，基础教育领域的受教育权利较为复杂，不仅具有社会属性，更加具有亲权的个体属性。教育权在法律上的表现就是如何在州政府、家长或个人之间分配教育权利以及规范教育行为的问题,并最终通过法律文本予以规制。尽管美国联邦宪法并未提及“教育”一词,但并不意味着联邦政府对教育事务置之不理。相反,联邦政府试图通过各种合法途径干预教育,影响美国社会教育的走向。美国各州政府因得到宪法授权,成为监管地方教育活动、塑造教育制度和教育体系的适格主体。因此,基础教育阶段家长的教育选择也纳入政府统一管理的范围。

在美国现行的宪法规范下,教育管理权属于宪法认可的州政府行政管辖权的范围。由此形成了美国各州依据本州宪法设立符合州情的教育制度和行政管理模式的社会现实。但是,无论从形式上还是从内容上看,美国社会的发展都具有内在的一致性,法律制度和其他社会制度也不例外。因此,各州的教育体系和实施方式又有着相似之处。这构成了美国各州教育制度在形式上相互借鉴、模式趋同,而在实质上各自独立的特殊现象。

美国联邦最高法院一直强调,只要州教育的管理者及学校管理者的行为与联邦宪法保护的基本原则保持一致,那其就有权力在学校里对人们的行为进行规定和约束。这是对州教育行政权限制的联邦司法审查,也是对教育权力分权治理的认可。由于联邦宪法并不直接涉及教育领域的利益分配和权限管辖,其主要规定的是联邦政府的运作结构以及个人权利的基础框架保护,因此具体的个人受教育权利并不是联邦宪法直接需要保护的内容。

依据美国宪法的权力划分,教育管辖权属于州政府自身管理权限和教育行政管理的范围,是州政府权力的实施范围。特别是在圣安东尼奥独立学区诉罗德里格斯案中,法院明确联邦政府对教育事务不存在任何明示或者是暗示的基础性权利。这样确定了联邦政府和州政府关于教育事务的管辖权划分边界,强调了宪法对教育管辖权的范围,并不包含具体权利的保护。通过一系列联邦判例,司法领域进一步补充和强调了联邦政府对教育事务介入的边界。这使得联邦层面的立法和行政机关大多数情况下是通过联邦设立的教育资助项目,以拨款法案的间接方式施加对教育的影响。而联邦司法机关只能通过对违反联邦宪法原则的宪法案件进行裁判,来表达其对教育活动的关切,通过司法的被动性活动影响教育实践。

社会契约理论认为,随着人类社会和现代社会的发展,社会契约使人们之间相互转让权利,不仅为社会生活提供了有效的管理秩序,但也从一定程度上导致了"利维坦"的产生。这是指随着人们权利的让渡,强权的国家机器诞生,会对普通人的权利产生巨大的威胁。教育现象自人类社会诞生就出现,是一种普遍而自然的社会现象和个体权利。但随着民族国家的诞生以及国家权力的增长,放大了教育问题产生的社会矛盾,也促使了教育问题上升为国家问题,国家权力与家庭和个人权利的冲突开始涌现。随着现代社会的发展和复杂性的增加,社会治理面临众多问题,需要政府的介入。政府权力也因此逐渐扩大,政府行为(state action)对个人权利的限制日益增多,从而引发了众多个人权利和政府权力之间的冲突和矛盾。在遵循有限政府治理原则的前提下,教育领域开始出现了个人权利和国家权力之间的博弈,同时这也进一步将这一类纠纷纳入法治化的范畴。

现代国家都重视对基础教育的投入和管理,同时规定了适龄儿童必须接受一定程度的普通教育或国民教育,并需要满足一定的教育年限,这被称为义务教育或者强制教育(compulsory education)。义务教育不仅意味着政府有提供基本公共教育的职能和义务,政府直接投入,不需要公民付费,同时也意味着公民承担接受基本公共教育的义务,因此也具有一定的强制性特征。正因为涉及教育资源的分配以及公共财政的分配,义务教育成为国家与个体权力博弈的重点领域,其义务分配的合理性与合法性成为对该领域政府行为考察的重点。一般情况下,州政府根据宪法赋予的权力设立独立且专门的教育部门,对教育领域的事务进行管理,制定或执行州立法机关设定的教育政策,教育成为州政府的重要工作之一。

依据各国教育法,州议会必须为本州公民提供统一的、完整有效的、充分的公立教育系统[①]。美国也不例外,依据联邦与州的分权结构,所有州的宪法都明确规

① (美)内尔达·H. 坎布朗·麦凯布. 教育法学:教师与学生的权利:第5版[M]. 江雪梅,译. 北京:中国人民大学出版社,2010.

定州政府负有设立公立学校的法律责任，费用由州议会承担。各州在通过制定教育管理方面的法律法规方面拥有“绝对”的权力。在教育政策制定方面，除威斯康星州之外，全美境内其他州都设立了教育委员会，通常隶属于州议会成为其下属的重要专业部门，其主要作用就是制定各种教育的实施细则，负责教育领域的立法事务。同时，依据美国的政治体制，大多数州教育委员会的成员由当地居民选举或州长任命，以期充分代表民意。客观上，由于这样的设计，有关教育的相关问题和决策能够显著影响到政府运行的效率和施政措施。

除了行政机构的积极作为之外，通过各种类型的教育类司法判例，美国法院认可并明确承认州议会对教育的管辖权包括：筹措教育经费及分配教育资金、管理教师执照的办法、规定学校提供的课程、设立评价学生学习成绩的标准以及对公立学校运营的各方面①。由于教育问题牵涉到普通居民日常生活的方方面面，因此政府的教育管理包含的内容非常广泛。在宪法确定的权力分配框架下，各州可以根据各地区不同的行政管理模式，授权州的下一级地方政府进行更加具体的教育管理。地方政府也可以根据授权和地方特色进行教育管理方式以及教学运行与内容的调整，以适应因客观现实导致的教育差异。例如，宾夕法尼亚州最高法院的吉拉德学区诉皮滕格案在判决中就明确表示，该州教育委员会有权力颁布和实施统一的学生纪律规章以管理州内所有的学校。不仅认可设定规章制度是州政府合法权力的来源，实施这种权力也是州政府教育行政权的重要组成部分。通过这样的立法设计和司法确认，州政府可以将其作为基础教育阶段学校教育惩戒和学生处罚的合法基础，并设定州内统一的标准来规范其行使这一特定权力的方式。

为了保障教育管理权的有效实施，美国地方教育委员会依法拥有并设立了制定与执行辅助性政策的权力，包括决定学区提供的具体课程、获取资金来建设和维修学校、选择人员以及依法出台知行教育项目所必需的其他政策工具。还包括建设和维持中学、幼儿园和非年级制的学校；可以调整学校的招生区划；可以停办学

① （美）内尔达·H. 坎布朗·麦凯布. 教育法学：教师与学生的权利：第5版[M]. 江雪梅，译. 北京：中国人民大学出版社，2010.

校；还可以与私营公司缔结合同，约定由私人公司提供各种各样的服务，甚至完全管理学校的运营[①]。另一方面，在长期的社会发展过程中，美国已经形成了成熟的诉讼文化。由于公立学校代表政府实施教育管理权，是独立的法人实体，因此许多涉及公立学校教育基本权利的问题都能够通过诉讼解决，并通过判决对具体的保护措施进行调整。

在通过司法解决教育纠纷的过程中，司法体系事实上介入了对教育问题的解释和评价，通过考虑其他社会价值进行博弈的过程，逐步帮助教育制度日趋完善。如果作为公权力代表的教育委员会或公立学校的行为超越了其职权范围，或未遵循必要的政府治理原则，从而侵犯到个人或其他组织的利益，就很容易引发法律诉讼。如果争议问题涉及"联邦问题"，那么就可能上升至联邦法院管辖的范围。如果同时符合联邦最高法院大法官的关切，那么也容易交由联邦最高法院处理和权衡。

各州行使教育管辖权的最重要方式是通过立法确定本州居民接受教育的基本权利和义务。一般来说，"义务教育"要求本州的居民在特定年龄必须进入公立或私立学校接受统一的教育，并规定了教育的形式和内容。通过义务教育的实施，州政府实现了提升居民整体素质的基本需求，有利于最大化本州公共利益。因此，根据联邦与州分权的体制，美国的 50 个州形成了各自独立的义务教育制度。适龄儿童必须"强制"接受普通公共教育，强调这是公民应尽的义务，政府实施义务教育的重要特征之一就是强制公民接受教育，甚至通过强制力加以保障。

在美国历史的发展过程中，最早出现类似观念的法律文本是 1752 年马萨诸塞殖民地颁布的《老骗子撒旦法》（*The Olde Satan Deluder Act*）。该法案规定，当马萨诸塞殖民地各地居民达到一定规模后，就应在当地为适龄儿童配备必要的教师，甚至是学校机构，以实施教育活动。否则，将受到惩罚。该法案具有浓厚的宗教色彩，其主要目的是提高殖民地居民阅读经典和法律的能力，以提高殖民地政府管理

---

① （美）内尔达·H. 坎布朗·麦凯布. 教育法学：教师与学生的权利：第 5 版[M]. 江雪梅，译. 北京：中国人民大学出版社，2010.

的有效性。由于殖民地时期政府和教会并没有严格的区分,因此在当时的“政教合一”社会形态中,宗教义务和政府义务自然混淆,接受普及性宗教经典教育成为居民的社区义务,具有非常强的公共性,其目的仍然是为了实现地方最大的公共利益,这一点与良好的政府治理理念是一致的。从这个意义上说,在政教合一的治理环境中,强制宗教教育与民主条件下推行的义务教育如出一辙,具有现代义务教育的主要特征。

美国建国之后,随着社会进步,个人权利观念逐渐发展,然而这也带来了价值观念的冲突,导致国家意志和个人意志之间的冲突,这种冲突往往形成“政策悖论”。政策悖论是指政策制定背后的高价值观念——平等、效率、安全和自由之间的冲突和两难抉择。在日常生活中,我们也常常遇到类似的问题,即社会是否能够同时为其成员提供自由和安全、平等和效率、公共利益和个人利益,这些价值之间存在一定的冲突。这些关乎个体的基础价值之间,存在着一定程度的重合,但个体在面对不同的价值冲突时会做出不同的抉择。甚至在相同情况下,基于决策者的个人经验和知识,也可能存在不同的价值抉择。就像“鱼和熊掌不可兼得”一样,价值判断是人类社会永恒的难题,个人和社会之间的价值选择持续处于动态平衡的过程中。

美国基础教育阶段的教育公共治理方式主要采用学区制。各地方学区是美国行政体制结构下最为基础,也最为重要的基层教育行政单位,主要负责管理区域的基础教育事务①。现今美国各地存在超过 15 000 个地方学区,这些学区之间存在着纷繁复杂的制度设计和利益纠葛。学区对美国基础教育的影响非常大。统计数据显示, 2018 年全美有超过 15 000 名学生的学区达到了 550 个,其中学生人数达到了 22 132 592 名。这些大型学区中共有 32 542 所学校,每个学区平均拥有 59 所学校,每所学校平均有 680 名学生。以美国 2018 年学区数据统计为例,美国最大的前三个学区分别是纽约城学区、洛杉矶统一学区和芝加哥城学区。

① 林茉梓. 特朗普政府政策下美国学区制的发展趋势及启示[J]. 科教导刊,2019(13):11-12.

表　2018 年美国前三大学区

学区名称	总入学人数	学校数
纽约城（New York City）	960 484	1 581
洛杉矶统一（Los Angeles Unified）	495 255	784
芝加哥城（City of Chicago（SD 299））	359 476	658

注：数据来源于美国教育统计和作者整理。

总体而言，美国学区承担着重要的公共教育职能，使用公共财政经费来提升区域公共教育水平，学区行动代表着政府公权力。在提供公共教育服务的过程中，如何平等、公正地划分学区、管理学区、协调学区内部资源、解决多元化需求以及对相互冲突的价值进行合理平衡，就显得尤为重要。美国公立教育的实施过程中，在个人选择权与政府利益平衡的频繁互动之下产生了大量的教育诉讼，美国联邦最高法院的大法官则不断通过判例将教育改革与发展中需要关注的原则进行深入阐述。

1905 年的雅各布森诉马萨诸塞州案和 1922 年的祖赫特诉金案是公立教育逐步普及和义务教育制度建立过程中的早期案例。这两个案件涉及公共教育管理权限与家长、个人教育自由之间的冲突，并成为公共事务管理与个人权利冲突的典型案例。在这两个案件中，公权力的行使触及了个体自由权利的边界，引发了纠纷并最终诉诸法院。这些价值冲突由联邦最高法院进行判断，将其中的原则通过法律的权威加以确认。

19 世纪末期到 20 世纪初期，天花病毒流行，公共卫生部门明确支持政府可以出于公共利益的考虑，强制要求社区居民接种牛痘疫苗以预防天花。这成为当时政府公共治理过程中的必要规定，是为了维护公共安全的需要。雅各布森案中，马萨诸塞州政府通过了一项类似的法案，授权市镇卫生委员会“认为对公共卫生或安全是必要的，则应要求并强制其城镇所有居民接种疫苗和重新接种疫苗，并为他们提供免费接种疫苗。任何拒绝或忽视这一要求的人将被处以 5 美元的罚款”。如果由于身体条件的原因儿童没有接种疫苗，那么他们可以在获取执业医生的证明后,不必遵守这个规定。总的来说,这意味着,除非执业医师提供身体条件不允许接种疫苗的证明,否则所有人都应该强制接受疫苗注射,否则将面临罚款处罚,这是政府强制公民履行的义务。

随后,马萨诸塞州坎布里奇市政府援引州法律,制定了当地疫苗接种的实施细则。细则中规定:“命令要求所有自 1897 年 3 月 1 日以来未成功接种疫苗的本市居民接种疫苗或再接种疫苗”。细则同时规定,如果不遵守疫苗法案,将会被处以 5 美元的罚款。然而,居住在当地的雅各布森并不接受这一法案。他援引宪法第十四修正案中关于“个人自由不受政府不正当程序的剥夺”的规定,拒绝让他的孩子接受强制牛痘接种。但是他因为拒绝接种而被罚款,随即提起了针对马萨诸塞州政府的宪法诉讼。他认为州政府的这一立法违反了宪法原则,是对他宪法权利的侵犯,并要求法院予以纠正。

经过审理,美国联邦最高法院认定,天花威胁整个社会的健康及安全,各地方政府基于“公共安全”的考虑来维持一项强制性免疫接种法案是符合宪法规定的。最终,该法案以 7 票对 2 票的结果获得了支持,法院认为在公共利益受到疾病威胁的情况下,个人权益必须让步于公共利益。法院指出,“该项法律是国家行使警察权力保护公众健康和公民安全的合法行为”。该判决意味着联邦最高法院在公共利益和个人利益的博弈与互动中进行了选择,也对公共利益和个人利益的选择条件进行了宪法上的澄清。

这一联邦最高法院的判决在个人自由和政府权力之间进行了司法判断。这意味着司法系统承认个人利益并非在所有条件下都具有优先性,需要根据具体情况进行公共利益大小的权衡。当个人自由与公共利益之间存在冲突时,有时个人自由仍然需要服从普遍的公共利益。公权力的行动和选择是否恰当,就需要司法机构运用法律解释的标准和对社会价值的综合考虑进行权衡。联邦最高法院认为,联邦宪法第十四修正案保护每一位公民免受政府对其生命、自由和财产的非法侵犯。然而,在基于公共利益原则的理性判断下,并通过合法的程序,通过立法行为来保护大多数人的公共安全和健康并不属于非法侵犯。因此，法官实际上确认了重大公共利益原则对个人利益具有排他的约束力。

当然，即便如此，行使这种排他性权利的时候，仍然需要遵循基本的法律原则。在这起具体的疫苗注射案件中，法官还裁定，强制接种疫苗不是侵犯人权，而是医学界消除天花公共危害的必要手段。总体而言，政府基于公共安全考虑强制接种天花疫苗并不违反宪法第十四修正案。

法院提出了“警察权”（police power）的概念。法院认为，州政府拥有合法的“警察权”，可以保护公众的生命、健康和福利。这些行为所保护的权利也是宪法所保护的公民基本权利。因此，为了政府公共治理的需要，州政府的“警察权”得以确立，政府能够合法地使用“警察”等公权力来维护大众的基本公共安全，以实现公共利益的最大化，防止因过分强调个人利益而导致公共利益受到重大损失。对于联邦法院来说，警察权合理使用的标准是“与保护公众健康和安全有真实和实质性的关系”。

祖赫特诉金案是雅各布森诉马萨诸塞州案的延续。在这个案件中，政府公权力开始介入对教育和私立学校的管理，即对私立学校学生入学前的强制性疫苗证明提出要求。如果未接种疫苗，将会影响学生的入学注册。1922 年，美国得克萨斯州圣安东尼奥市出台了一项法案，要求任何人或儿童，在进入公立学校或其他教育场所就学之前，必须出具一份有效的接种疫苗证明。这意味着儿童或其他人在没有首先出示疫苗接种证书的情况下，不能进入公立学校或其他教育场所。根据该方案的要求，一名儿童因拒绝接种疫苗而被禁止在公立和私立学校就学。但该生认为，当时并不存在特殊的流行病现象，也不存在任何紧急的情况和公共利益受损的情形。因此，政府强制实行接种疫苗的要求并不合适。既然不存在任何紧急和危害公共利益的情形，那么这项强制接种疫苗的法律过于严厉，构成对个人权利的侵犯。因此，她向联邦法院提起诉讼，认为立法机构授予健康委员会这项权力时，没有对其进行限制。

经过审核后,联邦最高法院认为将接种疫苗作为入学前置条件的措施符合宪法要求。为了维护公民的健康、安全和福利,州政府要求实行强制性疫苗接种是其警察权,这一实践原则在雅各布森案中已经确立,旨在平衡公共利益和个人利益。通过权衡利益,法院认为赋予城市公共医疗委员会这样的自由裁量权是合法有效的。在祖赫特诉金案中,联邦最高法院明确表示,政府限制个体进入公立或私立学校学习的权利,以维护公共健康,符合最终的公共利益需求。

正是在雅各布森案和祖赫特诉金案的判决推动下,各国采取了不同的方式积极推动公共卫生建设,对抗天花带来的威胁,最终,在各国和世界卫生组织的努力下,到 1980 年,通过疫苗的使用,人类首次彻底消灭了天花这一恶性传染病。这是人类文明进步的一个重要里程碑。这个过程中的国家权力与个人权利的冲突一直存在,但是对人类社会整体而言,不能因为个体的"愚昧"而损失大多数人的利益已经成为一种共识。接种疫苗使天花在世界范围内被根除,并控制了许多其他可用接种疫苗预防的疾病。因此,在 20 世纪末美国疾病控制与预防中心(CDC)公布的 1900 年至 1999 年美国"十大公共卫生成就(Ten Great Public Health Achievements)"之中,位列榜首的就是"疫苗接种"。

尽管学校普遍要求接种疫苗,但许多州也基于医学、宗教或哲学等原因为学生提供豁免的情形。沃克曼诉明戈市教育委员会案指出,仍然有两个州禁止因为宗教原因提供入学疫苗豁免,其中一个就是西弗吉尼亚。虽然疫苗在防止病毒传播方面起到了关键作用,但并没有任何证据证明普通正规的疫苗会对个体产生直接伤害。然而,由于各种原因,仍然有一部分人拒绝接种疫苗,这产生了许多矛盾。同时,对于那些承认"宗教豁免"原则的州来说,不能仅仅将排他条款应用于某些已经注册的宗教组织,否则将侵犯"宗教自由"条款。

疫苗事件体现了政府公权力行使和实施公共行政的一个方面,这项工作显著地辐射到社会经济生活的各个方面。当政府要求儿童在进入学校系统学习时需要接种疫苗时,不同方面的多重价值冲突就会上升到司法解决的层面,由法官进行理性权衡和判断。在现代社会义务教育的环境下，接受教育已经成为个体的国家义务，因此与家长的选择权首次产生冲突。如果基于公共利益的考虑限制儿童进入公私立学校，将在其他方面侵犯家长对孩子的“控制权”，形成家长选择权的二次冲突。当这些矛盾冲突超越了个人的限制，形成群体需求和期待时，联邦最高法院将采用其他裁判原则对其进行分析和判断，最终将家长选择的行为与社会主流价值融合统一，从而确立个体行使受教育权利的基本原则和规范。

第二节　群体教育选择

在第一次工业革命之后，人们逐渐认识到教育在国家发展中的战略作用，于是教育国家主义开始兴起。各国从维护国家整体利益和社会公共利益的核心诉求出发，通过大规模推行义务教育以提高国民整体文化水平，提升教育对社会经济的推动作用。在这个过程中，教育管理权的行使并辅以国家机器的强制力量成为普及基础教育的必要工具。在推行义务教育的过程中，以《义务教育法》为载体的国家教育权力规定了教育年限、教育形式、教育内容等，这些规定与个体认为的“适当教育”选择权产生了较大冲突，进而引发了一系列关于义务教育的宪法诉讼。除了家长争取自身对教育选择权之外，这些诉讼还涉及宗教和教会，具有群体性要素。宗教信仰中涉及的教育元素成了个人和群体对抗公共教育权的重要武器。

在美国早期殖民地政府形成的过程中，宗教信仰对殖民地教育领域的公共性形成影响甚深，也导致了美国建国后公共教育体系在其自身公共环境中逐渐形成了自己的特色。美国著名的公立教育研究学者克伯莱认为，美国教育的起源可以追溯到“关注儿童的教会”。这也就意味着宗教与美国基础教育和公共教育的起源存在密切联系。了解宗教教育的发展历程是了解美国公共基础教育发展的重要方面之一。从美国殖民地的发展历程来看，最早来到新英格兰地区的北部定居者的主要目标是建立一个“良好的社会”或“上帝之城”。他们相信通过自己的努力，在这片土地上能够建立一个模范的宗教社区。这种内心深处的自豪和信心使马萨诸塞殖民地的治理者更加重视公共教育和社区教育的投入，并进行了多方面的努力和尝试，奠定了辖区内教育公共性的基础，同时也成为后来美国公共教育发展的重要示范，为美国现代基础教育发展打下了基础。

在马萨诸塞的新教殖民者看来，教育是保持信仰纯净的重要途径，也成为维持“良好秩序的宗教共和国”的重要手段。今天的教育史研究普遍认为，马萨诸塞殖民地是西方世界最早实施强制性初等教育的地区，早在 1642 年就公布了与强制初等教育相关的法律，用来推广最基本的文字知识，使得儿童能够阅读宗教经典并遵守法律。马萨诸塞殖民地在 1647 年通过的《老骗子撒旦法》等立法构成了法律制度干预教育行为的基础，也为通过法律手段来控制和调节社会教育水平提供了必要的经验积累，成为“义务教育”的雏形。

当然，这一时期对教育的重视并非源于现代国家治理的民主观念。民主政治与教育的关系也有所不同，不能用现代民主制度下的教育理念和方法来理解这样的制度设计。相应地，这种对普及教育的重视并非现代教育理念的萌芽，而是源于宗教信仰中一种危机意识。正如泰勒指出这种制度设计“反映的是殖民地关于确保宗教最高原则的决定，而并不是对于一种民主意识的刺激”。从根本上说，美国殖民地时期采用的是政教合一的政治形态。对宗教信仰的追求以及对经典的阅读能力正是教会所需要的，也是政府进行公共教育管理所必需的。良好市民和教徒的服从宗教传统和政府规则对政府治理具有重要的作用。为了有效普及宗教并有效实现教会宗旨，独立战争前的各殖民地政府大多制定了强制提供教育和接受教育的法律规定。

新英格兰地区具有相似的宗教传统和教育理念。在马萨诸塞湾殖民地立法之后，1650 年康涅狄格殖民地的教育法规定学生必须背诵一些短小的正统问答（即宗教问答）。在其他的殖民地，比如罗得岛殖民地，贵格教徒在 1683 年也有类似的规定，要求信徒中 12 岁的儿童能够阅读圣经并写作。从行为的角度看，在现代国家行政传统下，义务教育作为国家或政府的义务，本质上是国家教育权对家长教育选择权所施加的主动影响，直接干预了家长对儿童教育过程和选择的控制。因此，也有学者认为民主国家推行的义务教育实际上是政府首次在制度上将原本属于家长的权利予以剥夺。

19 世纪中叶开始，随着民主思潮逐步普及，新兴民主政府开始通过政府公权力行使的方式规定强制性的公共教育，这也成为现代义务教育的起源。从 1852 年到 1919 年，美国花费了半个多世纪的时间，在各州基本上普及了初等义务教育，并在第二次世界大战后普及了中等教育。而且，美国社会整体的义务教育年限已达 12 年左右。根据各州的义务教育法规定，如果家长没有履行送子女上学的义务，那么就可能面临民事诉讼甚至可能遭受刑法的制裁。在汉密尔顿诉印第安纳案中，法院也明确强调，即使学生习惯性逃学，父母没有发现，也不能因疏忽而免责。由于疏忽本身，家长可能没有积极履行自身的义务，这也可能导致他们被判处监禁并承担一定的罚款。

近年来，美国联邦政府颁布了一系列关于基础教育的法律法规，主要目的在于提高学校绩效和基础教育质量，尝试推行全国通用的核心课程标准，以及倡导公共教育机构的问责制度。随着美国整体政府行政管理过程中问责制度的强化，教育领域也开始关注绩效与考核问题。众多公立学校和学区也开始积极回应国家、地方和市场的要求，在公共教育领域应用政府问责的一般原则。这种情况的出现不可避免地会引起“联邦—州—学区—学校”四者关系的新变化[①]。政府公共服务体系进一步完善后，政府对个体教育的关注增加。公共教育开始迅速发展起来。政府的更多介入在推动公共教育资源增加的同时，也造成了受教育权利与教育管理权之间的冲突。如何解决政府面临的这类冲突也成为联邦最高法院的职责。群体教育选择权利也由此进入联邦最高法院大法官们的裁判视野。

① 毛丹. 美国新问责时代州教育行政机构“能力建设”运动的启示：以田纳西州与肯塔基州为例[J]. 现代基础教育研究，2019，(2)：106-113.

一、皮尔斯诉基督耶稣姐妹会与山间军事学校案

随着私立学校的兴起,很多美国居民选择将自己的孩子送到这些学校接受教育。然而,第一次世界大战后,出于对美国文化延续性和统一性的担忧,美国各州政府在民族主义思潮的影响下开始重视推广建立公立学校和鼓励公立教育的发展。1922 年,俄勒冈州通过义务教育法案,要求所有适龄的 8 至 16 岁儿童必须就读公立学校,如果违反此项规定,将被定罪并受到罚款或监禁的惩罚。罚款不少于 5 美元,也不超过 100 美元;或者监禁不少于 2 天,也不超过 30 天,或者由法院对罚款和监禁进行自由裁量。这意味着,如果不将适龄儿童送入公立学校接受教育,将会受到处罚,甚至承担刑事责任。这项立法引起了私立天主教学校的抗议,引发了皮尔斯诉基督圣玛丽姐妹会案以及山间军事学校案。这两个案件是义务教育阶段公共教育管理权与受教育者教育选择权博弈的经典案例。

基督耶稣姐妹会是 1880 年在俄勒冈州成立的法人组织,其主要目的是照顾孤儿,教育和指导青年,并建立和维持学院或学校。与传统的非法人信托组织不同,基督耶稣姐妹会获得了法人特权,能够接受必要的实物和个人财产。姐妹会信奉罗马天主教,具有坚定的宗教信仰,定期为儿童提供系统的宗教教导和道德训练。这个法人组织开办了相互依存的小学、中学和初级学院,并且还维持着自己的孤儿院。通过这些方式,学校和福利机构对 8 至 16 岁的儿童进行监护和管理,并为他们提供传统的宗教教育。姐妹会长期以来将其财产用于世俗和宗教教育以及儿童照料的各个方面,获得了许多父母和监护人的信任。因此,这些家长愿意为姐妹会以及其附属的学校机构进行捐赠和提供支持。在前 8 年的基础教育中,姐妹会管理下的学校教授的内容主要来自俄勒冈州的公立学校,与公立学校的讲授内容并无大的差异。总体而言,那些附属于姐妹会的各类学校提供的课程无论是世俗的还是宗教的都在姐妹会的指导下连续有序地开展,学生也取得了较好的教育成果。姐妹会在当地也拥有较高的影响力。

从姐妹会学校系统的运行来看,小学部分是基督教姐妹会教育系统的基础,

也是最有盈利能力的部门。由于长期从事基础教育工作,姐妹会学校系统拥有许多房产和校舍,大多数都是根据教育目的建造和配备的。同时,学校系统中的各级学校都与教师和家长签订了长期合同,以保证系统的稳定运营。根据判决中姐妹会的陈述,小学部分的年收入甚至超过了 30 000 美元,这在当时是一笔可观的收入。但是,在 1922 年州义务教育法颁布之后,一些家长出于对政府强制性入学要求的担忧,不再将孩子送到私立学校学习,这导致不少学生退出了学校。在这样的情况下,学校的收入明显减少。

姐妹会认为,州政府通过的法案违反了宪法,是无效的。这是因为该法案侵犯了家长选择孩子得到适当的精神和宗教训练的权利,也侵犯了父母为孩子选择学校的权利以及学校和老师从事有益的商业或职业的权利。如果这种情况继续下去,姐妹会的业务和财产都将受到不可弥补的损害。这对姐妹会而言无异于灭顶之灾,是一种剥夺财产权的行为。

由于此项法案的实施引起了争议,联邦下级法院颁布了禁止令来暂缓实施。但州政府提出上诉,认为义务教育从本质上来说属于州政府的管辖范围和责任,因此州政府有责任推行义务教育并承担学费负担的公平职能。案件最终被提交到了联邦最高法院,大法官们虽然认可政府推广义务教育的职责,但不同意州政府的观点。他们并非否认州政府在教育管理方面的权力,但认为选择教育方式不应仅局限于公立学校,父母对于子女教育的选择权同样需要得到尊重。这引发了教育权的宪法问题。

类似于姐妹会的情况,在俄勒冈州发生了山间军事学校(Hill Military Academy)事件。该学校成立于 1908 年,是一家私人公司(独立法人),主营面向 5~21 岁男孩的小学、大学预科和军事训练,是一所名副其实的军校。该学校每年有大约 100 名在校学生,每个学生每年的学费为 800 美元。和当时的公立学校一样,山间军事学校的小学部分为八个年级,大学预科与公立高中相似,分为四个年级。学校所提供的学习课程都符合州教育委员会的要求。此外,学校还聘请了一名军官,提供军事指导和训练。学校的运营和管理非常规范，口碑良好。

山间军事学校和之前提到的姐妹学校一样，拥有大量不动产和个人财产，仅供学校使用。学校经营所得以及偶然获得的捐赠也相当可观。为了开展符合学校宗旨的教育教学活动，学校与其他机构或商业实体签订了长期的供应和设备服务合同，也与教师和学生签订了协议约定。然而，由于俄勒冈州实行义务教育法，家长因法律压力开始拒绝继续签订或履行与山间军事学校的合同，一些学生也开始退学。这导致山间军事学校学生数量急剧下降，经营遇到困难，处于破产边缘，因此学校提起了针对州政府的诉讼。

针对这个案件，法官认真听取了双方的意见，并强调了联邦宪法"第十四修正案"明确规定并保障州政府不得在没有正当法律程序的情况下剥夺任何人的财产权利。最终，法官从财产权保护的角度对这一案件进行了定性，确认这是涉及财产权纠纷的案件。在山间军事学校案中，现行的立法不仅事实上剥夺了学校的财产利益，也同时非法干涉了现在和将来学校捐赠人的自由选择权。这意味着学校除了现实的损失之外，其可期待的财产利益也同样受到了损害。案件判决确认学校主体办学的权利是财产性权益，或者至少包含了财产性权益。父母和监护人作为其自由的一部分，可以通过选择有名望的教师和学校来指导儿童的教育。选择学校作为一种教育决策，不仅体现了父母和孩子的选择自由，对教育提供者（学校）而言则是一种现实的财产利益。家长教育选择权事实上也可以构成具有一定规模的财产权益，并受到法律的保护。但并非所有的财产利益都可以无差别地受到保护。在案件的判决中，联邦最高法院的法官们对山间军事学校的教育活动性质和内容也进行了公共利益的权衡。他们认为军事学校从事的活动并非不适合或对公众有害，执行这一项法律将非法剥夺他们的资助（patronage），从而破坏学校正常业务运行和所拥有的财产利益。如果继续强制执行法案，将对这所学校造成无法弥补的损害。

教育活动在法律本质上具有权力和权利的双重属性。作为受教育者的儿童，不仅面临州政府基于政治管辖的公共管理权力对教育的干预，同时也享有父母基于自然生育和家庭伦理关系产生的教育选择权利，这两者具有同等合法的社会基础。正是因为存在这种双重属性，儿童在学校选择过程中面临不同权利之间的博弈，形成了矛盾与统一的关系。在教育活动实施的过程中，双重属性的存在导致日常教育行为同时具有双重的外部性或者双重功能。个体能够在自我成长的过程中获益，实现自我价值提升和自我发展，这意味着接受教育本身对个体和家庭具有重要意义。同时，受过良好教育的公民有益于社会发展，有助于政府的良好治理，能够增进全社会的福祉，具有显著的社会价值和正向的外部性。尽管学生作为具有自主性的个体参与教育活动，但教育事项本身并非完全脱离于州政府的管辖。教育所具有的外部性导致教育活动无法脱离于普遍的公共利益而独立存在，因此需要政府进行必要程度的监管。可以说，政府对教育的管制权力来源于教育自身属性。

从教育法律关系的本质来看，姐妹会和山间军事学校案具有较为明显的共通性。由于教育的双重属性，父母可能因为政府的强制性指导或者遵守政府规定的压力，而被迫选择并非他们首选的教育机构，从而直接导致他们的自然选择权利受到明显的削弱。另一方面，教育机构的设立和运营确实需要大量成本和资金投入。作为教育实施者和承载者的学校组织，可能会因为家长的择校行为而遭受实际的财产性损失，这对教育机构而言无异于剥夺其财产权。在这样的情况下，法院经过谨慎考虑认为，如果俄勒冈的《义务教育法案》得到严格实施，不可避免地会破坏被上诉人的小学，以及俄勒冈州区域内所有其他为正常儿童开设的（私立）小学，这样影响的范围将可能很大。基于以上原因，法院综合确认了俄勒冈州义务教育法案的违法性质和违法程度，也明确确认了姐妹会和山间军事学校“从事的是一种并非天然有害，但长期以来被认为是有益和有价值的事业”。

在皮尔斯诉基督耶稣姐妹会案中，最高法院确认了政府在教育管理方面的权力，包括对所有学校进行合理管理、检查和监督教师和学生的权力，要求所有适龄儿童上学,要求教师具备良好的道德品质和爱国主义倾向,要求教授某些显然对良好公民素质至关重要的课程,以及要求不教授任何明显有损于公共福利的课程。这表明联邦最高法院的大法官们确认了政府在教育管理方面的合法性,包括管理方向和内容的合理性。政府在其辖区范围内拥有教育管理权力是毫无疑问的。然而,联邦最高法院的大法官们也强调义务教育的实施和管理并非绝对和机械的。他们认为虽然宪法第十四修正案明确了"平等"这一基本原则,但是这种平等并不能从字面上进行解释。不能单纯仅仅因为宪法平等条款的简单规定,就强制性地要求本州的公民接受公立教育这样一种单一且唯一的教育形式,这一行为并不符合"平等"原则在宪法中的目的。在最高法院大法官们看来,宪法文本从立法的目的上更多是指向机会上的平等,并非就具体的教育形式来对平等的概念进行解释。平等接受教育并不意味着接受相同而单一的教育形式。

综合而言,联邦最高法院的法官在教育管理权的合法性与合理性方面进行了权衡,强调了自由选择在实现教育权中的重要作用。法院充分尊重家庭在教育活动中的基础性作用,承认家长是儿童最好的照顾者,因此不应剥夺家长对儿童教育的选择权,这是家长权的一种重要体现。对于义务教育而言,这种权利的行使和评估不能仅局限于政府提供的教育方式,而需要在受教育主体多元化的选择和政府自身教育行政管理统一模式之间寻找可能的平衡。事实上,政府的教育模式是基于公共服务提供和公共资源合理使用的教育方式选择。然而,对于大多数家庭而言,对教育的不同期待也导致了多元化的教育需求和多样化的教育模式。因此,在教育模式的选择上,政府与个体之间也会产生一定的冲突。法院主要从合理性的角度来考虑宪法解释的具体应用。从优先级来看,家长对儿童教育的选择权是放在首位的,这是从自然属性和家庭特征的角度进行的最好解释。

在后续有关梅耶诉内布拉斯加州案的判决中,联邦最高法院坚持认为内布拉斯州的法案很不合理地干涉了父母和监护人的自由。法院认为父母指导孩子的成长和教育,对未成年人来说是有益的。在法官们看来,宪法所维护儿童的这些权利不能以普遍性的立法机械地干预。美国宪法中的有限政府理论和权力制衡理论排除了国家通过强迫儿童只能接受公立学校教育的立法。在这些案件中，联邦最高法院特别强调，“儿童不仅仅是国家的儿童；那些培养他和指导他命运的人（父母）有权利，同时也有责任承担更多的义务”。

通过将对义务教育的讨论引入最高法院的相关案件讨论，法官们在衡量和判断家长选择权时，将有限政府理论和个人自由权利等重要内容进行宪法层面的价值裁判，从而形成了“家长对儿童教育拥有先天权利”的基本判断，确认了家长选择权的宪法保护，进而保障和促进了教育领域的多样化发展。同时，为了保障家长群体的自由选择权，宪法中的商业自由条款也被纳入教育领域有关核心价值的权衡中，作为判断公共教育管理权是否得到了合理行使的有效工具。从事教育活动的学校组织，因为参与和从事教育活动所拥有的财产权和财产性利益受到宪法保护，不得因为违反非第十四修正案的正当程序条款而被政府不适当地剥夺，这实际上意味着财产权保护成为宪法领域保护群体受教育权和选择权的重要价值衡量工具。

二、威斯康星诉约德案

除了一般家长群体之外，宗教团体或组织也是在美国受教育权利影响较大的群体组织。为了维护其自身宗教信仰，一般的宗教派别都有成熟的教育观念，教育活动与宗教活动相辅相成，教育活动本身就构成了宗教生活的重要形式。然而，现代国家一般都秉承“政教分离”的社会治理观念，在现代民族国家的发展和实施社会管理的过程中，宗教团体的群体教育观念容易与公共政府的国民教育观念产生冲突。在美国，这种情况也是常见的现象，尤其是以阿米什教派（Amish）的教育观念与政府义务教育管理理念的冲突为代表。这种情况使得阿米什团体和州政府的教育理念的冲突成为美国联邦法院的经典判决之一，是美国教育法治过程中的重要事件。

长期以来，北美的阿米什宗教信徒们过着远离现代文明的田园生活，甚至成为美国具有特色的非现代文明社区。阿米什教派起源于16世纪宗教改革时期的苏黎世“再洗礼派”(Anabaptist),崇尚朴素而简单的生活,其教育理念也较为保守。根据传统再洗礼派的信仰,阿米什教派的孩子们在14岁时需要接受传统的“单室”教育,即把孩子们集中在一个教室,由老师教授老版本的圣经教义、阿米什人的传统文化、英语以及高地德语。19世纪以来,美国大多数阿米什儿童就读于自己社区内由当地居民管理的乡村式学校,学习遵循新教的基本道德规范,形成了独立的教育体系。

但是在20世纪之后,随着工业化的逐步推广,教育国家主义开始影响美国各州。美国社会大部分地区开始推行强制性的义务教育,并通过各州的义务教育法将公共基础教育纳入政府的行政管理范围之内。整体上,政府对教育事务的干预增加,教育投入也增多,公立教育环境发生了较大变化,义务教育年限随之延长。美国社会坚持通过公立教育来普及和传播民主思想的实践,并通过公共教育来塑造建国之后统一的民族国家认同。这是美国各级政府所追求的隐性政治目标,并成为维护国家和政府治理的必要手段。各州对义务教育阶段的管理规范和执行也变得更加严格,那些违反义务教育法的行为将会受到处罚。

在这种趋势下,阿米什社区的传统教育理念和政府教育模式之间产生了冲突。那些坚信阿米什信仰的父母们分布在美国各地,但都在用自己的方式和各州的义务教育法进行了持续数年的斗争,在各地提起了类似和相关的诉讼。由于子女教育问题和当地的教育管理部门长期对立,甚至在1924—1925年期间,在埃尔克哈特县和拉格兰奇县(Elkhart and Lagrange Counties)的社区中,有超过20名信仰阿米什的家长因此入狱。

回顾美国教育法律发展的历史,约德案本身代表着教育观念与政府教育管理权在全美不同宗教群体之间的普遍冲突,是集体教育活动与政府教育治理纠纷的典型模式。在约德案发生的威斯康星州,义务教育法案要求所有适龄儿童都应该在公立学校接受教育,直到年满16岁。然而,生活在该州的旧秩序阿米什教派

(Old Order Amish)和保守阿米什门诺教会(Conservative Amish Mennonite Church)的成员因所遵循的“单室”教育方式,拒绝让他们的孩子在公立学校接受八年级(14 岁)以后的教育。1968 年 10 月 23 日,威斯康星州新格拉鲁斯镇(New Glarus)的乔纳斯·约德(Jonas Yoder)、华莱士·弥勒(Wallace Miller)和安迪·于茨(Adin Yutzy)三名阿米什教派的教友因为拒绝让他们未满 16 岁的子女接受当地高中的教育而被指控违反了州的义务教育法。

家长声称,政府制定的义务教育法的内容和要求侵犯了他们的宗教自由,并且他们的诉求得到了威斯康星州最高法院的支持。但是,威斯康星州政府并不接受这样的结果。在教育国家主义的影响下,政府一直坚信义务教育对于公民和社会来说具有显著的必要性,因此属于重要的公共利益。因此,政府向联邦最高法院提出了审查请求。联邦最高法院在权衡案件的整体情况后,授予了调卷令,对威斯康星州最高法院的判决进行了复审。因此,宗教群体的教育选择权和教育内容与公共义务教育之间的冲突得以进入联邦最高法院的关注视野。联邦最高法院开始谨慎地考虑宗教自由原则和个体选择自由之间的原则性差异。

1972 年 5 月 15 日,经过审理,联邦最高法院决定维持威斯康星州最高法院的判决。法官们认为,根据宪法的一般原则,威斯康星州政府没有合理的理由否定阿米什教派作为一个宗教团体的宗教实践。最高法院强调了阿米什团体的教育活动与其宗教信仰的特殊关联,并指出,美国宪法第一修正案和第十四修正案的基本原则都明确禁止政府强迫阿米什教派的儿童接受高中阶段的教育。因为这样的禁令违背阿米什自身的宗教信仰和实践。通过“禁止立教条款”(Establishment Clause),宪法确保了宗教团体所享有的教育选择权。

禁止立教条款是美国宪法中的基本法律原则之一,旨在防止政府过度支持或干预某种宗教。对于国家在宪法上解决政教关系的方式,将禁止立教条款的作用归纳为权利保障或视为结构性限制都具有深远的影响[①]。在这个案件中,威斯康星

① (美)卡尔·埃斯贝克. 美国宪法中的政教关系[M]. 李松峰,译. 北京:法律出版社,2016.

州政府也坚持尊重各宗教教派的自由，没有质疑初审法院的事实认定或阿米什信仰的宗教组织性质。政府认可了事件的事实，但其主要从价值和意义方面来判断争议焦点。在州政府的辩论中，认为政府并没有否认任何群体的信仰自由，而是坚持认为义务教育制度执行过程中所获得的公共利益内容和重要程度应比宗教自由所承载的价值内涵更大，因此超过了阿米什教派基于宗教理由而提出的诉求。在这个案件中，存在多重价值选择过程，义务教育所体现的价值与其他类似的社会价值之间存在现实冲突。然而，在颁布法案时，威斯康星州政府没有将父母对子女教育选择权作为一种价值进行考量，而是将政府推行义务教育所坚持的公共利益价值和坚持宗教信仰自由的价值进行比较。在这两种价值的比较中，州政府认为儿童接受公共教育的利益比宗教自由更加重大，这种公共利益的价值也同样是超越家长对于儿童个体的教育选择权的。

在约德案中，沃伦·伯格大法官对“单室教育”进行了详尽的论述。他将阿米什教育方式与宗教传统的价值和习惯进行了关联和比较，并强调了这种特殊教育方式对于阿米什宗教实践的重要意义。他认为，阿米什宗教所包含的信仰本身要求其信徒从事与农业有关的生产活动，追求精神的价值，拒绝竞争，寻求早期基督教徒的生活方式。这种要求使得他们成为一个相对隔绝的生活社区，并形成了自己独特的传统，进而形成了自身的文化价值。他将宗教自由的内涵延伸到宗教实践领域。这也就意味着，坚持一定的宗教信仰必须通过一定的实践活动来维护。维护宗教自身的价值是宗教自由的应有之义。然而，在这个案件中，“学校的强制性教育无疑会使阿米什孩子暴露在不被许可的世俗价值观中，这与他们的宗教信仰相悖”。这一论述意味着，联邦最高法院首先认可阿米什宗教的教育方式在维护其群体传统形成和传统价值观的保存方面具有重要作用，这种特殊的教育方式是该群体延续传统和文化的重要手段。基于传统宗教信仰所形成的特殊教育模式，在阿米什教徒所形成的宗教社群中，既是其群体价值观念的实现目标，同时也是实现这一目标的手段。

尽管联邦最高法院充分考虑了教育对阿米什团体的重要性，但仍明确指出本案并不适用于所有宗教群体，而是根据对阿米什社群传统生活与教育方式的审慎考虑，对“单室教育”的方式进行了单独、具体的权衡和判断，得出了特别的结果。这意味着尽管联邦最高法院认可了约德案判决的基本原则，但该案的核心决定因素仍是基于对阿米什社群具体宗教实践的具体判断，而不是所有宗教群体都能直接适用约德案的原则。虽然这是一项判例，但沃伦·伯格大法官通过对判例的解释，深入阐释了当前社会所重视的价值，并在法律适用过程中融入了审慎原则，形成了方向性的判断。

在本案判断过程中，法院所采用的衡量标准是政府必须具体说明，如果对阿米什群体免除义务教育的特别要求，将会对州政府的利益造成什么样的影响，而这种影响必须是明确的。因此，联邦最高法院提出了一种衡量公共利益的标准和方式：如果涉及重大公共利益问题，政府就有责任对其主张的利益进行证明。这在法律技术上属于举证责任的倒置，将原本应该由阿米什来证明的事项转移到了政府方面。政府在实施和推行义务教育法案时涉及相关问题，需要证明其行为的合理性和充分性。政府需要承担证明责任，这是法院保护普通民众基本权利的一种有效手段。

从联邦最高法院的判决态度来分析，大法官们作出的判决很大程度上代表着法官整体的倾向性和对司法系统自身功能的看法。学者们认为这种倾向主要分为消极与积极两种不同的形态。消极的判决非常谨慎，注重司法约束，一般为刻板地解释和执行法律。积极的判决则更多地融入了法官个人的经验，他们希望通过判决能动地促进社会的变革。这种积极的方式能够与时俱进地解释法律条文，以判决结论和说理的论证过程来“指导”其他法院和政府机构如何行事。因此，它比消极的判决方式更容易推动社会的变革并改变大众的认知，也让法官在客观上拥有了“主动”的立法权限。我们往往把这样的现象称为“司法能动主义”。1969 年到 1986 年的“沃伦法院”是美国宪法发展历史过程中司法能动主义的第二高峰期的代表。

约德案中阿米什群体的胜诉无疑表明了20世纪中期美国民权运动的局部胜利，也证明了美国的司法在处理代表多数人的宪法与美国少数人的关系的理念更加完善和成熟[①]。自1879年的“雷诺兹诉美利坚合众国案”至1963年的“舍伯特诉弗纳案”，美国联邦最高法院设立了众多宪法标准，用于判断宗教实践和宗教活动，逐渐将宗教的具体实践活动纳入宪法第一修正案的保护范围。虽然这一过程非常缓慢和谨慎，但是正是在这些判决的推动下，让与宗教密切相关的群体教育问题以宗教信仰自由的原则进行考量，进而塑造了“约德案”判决，成为美国教育法治的重要事件。霍斯泰特勒认为“约德案”是美国宪法史上的里程碑案件，是美国历史上首次以宗教自由实践条款宣判政府的义务教育法违宪。该判决消除了大型公立学校及其所宣扬的世俗价值观给阿米什人带来的威胁[②]。虽然美国宪法并没有直接提及教育问题，但最高法院在约德案中通过对宪法条款的解释，利用宪法文本中的宗教自由条款保护了儿童最基本的受教育权。这种受教育权是在充分尊重阿米什群体特殊的宗教信仰基础上，出于对儿童成长环境进行的谨慎判断而得出的。这样也将教育问题通过宪法条款进行了充分的考量和判断，宪法条款的解释可以适用于普遍存在的教育问题。实际上，这扩展了联邦政府对于教育的管辖权。

约德案的判决逻辑清晰，但却引发了教育和法律关系领域中另一个主体利益问题。这一判决事关教育选择权，涉及宗教团体和政府在阿米什教派儿童应如何接受教育这一问题上产生的冲突。由于儿童自身是受教育者，因此法院需要审慎考虑是否需要同时考虑儿童的感受。一些法官也对这一问题提出了自己的看法。这意味着，在考虑教育选择权的同时，儿童作为教育权利所涉及的核心主体，其自身也有独立的需求和愿望。因此，法院在类似案件的裁判中不能仅仅从国家、州政府、地方、群体和家长的利益出发来考虑问题。法院不能因为国家教育管理权限的

① 孙源，王乐鑫. 浅析威斯康辛州诉约德案及其社会基础[J]. 山西青年，2016(5)：114-115.

② CAMBON J.HOSTETLER, ENDERS HUNTINGTON. Children in Amish society: Socialization and community education [J]. Revue Française De Pédagogie，1973(2)：62-63.

形式或保护宗教自由的权利而忽略儿童自身的发展权。儿童自身有权享受符合其前途发展的教育内容和教育方式。

由于该判决将教育和宗教传统紧密关联起来,因此导致了家长和学生对教育价值的评估变得薄弱。因此,家长的教育权和学生的自由选择权之间的矛盾再次成为人们讨论的重要议题。在评估群体权利和个人权利时,该判决使群体的信仰价值事实上优先于个人的教育选择价值,这也存在发生冲突的风险。家长和孩子是家庭的重要组成部分,构成了最基本的教育架构。家长能够对孩子的教育活动和教育场所做出较为理性的判断。然而,约德案反映出,这种判断权和选择权可能会被宗教群体的价值观念或具体的宗教实践活动所影响。德纳·戴维斯认为,联邦最高法院的约德案判决直接否定了阿米什群体中儿童所应享有的"获得开放未来的权利"(Child's Right to an Open Future)。他认为,这些具有宗教信仰家庭中的儿童接受宗教信仰和教育传统并不是基于个人的兴趣和天赋进行的选择,而是被迫接受组织传统的结果。虽然这一观点并未得到最高联邦法院其他法官的认可,但是"获得开放未来的权利"这种价值衡量标准已经成为后续许多复杂教育案件中备受争议和坚持的重要原则之一。这也是最高法院法官考虑个人基本权利的出发点之一,并成为后续"儿童福利"理论最为重要的价值组成部分之一。

最终,约德案判决为如何处理群体的教育选择行为提供了能够遵循的基本原则和判断标准,并为后续的纠纷解决提供了有效的方案。联邦最高法院认可了基于特殊宗教行为而形成的教育实践,这种"基于传统所形成的独特教育方式"可以对州政府所制定的义务教育法进行适当突破。由于这种独特教育方式与义务教育所秉承的核心理念和宗旨具有某种程度的一致性,因此并没有对公共利益造成重大的影响。州政府对义务教育实施的利益也没有超越或破坏这种独特教育方式所带来的公共利益收益。这也就意味着,经过审慎的判断,法院将传统宗教领域中的教育行为认定为宗教实践,因此进入宪法第一修正案的保护范围,该条款成为保护教育利益以及实施教育管理的宪法工具之一。

同时，联邦最高法院仍然肯定了家长对儿童教育的绝对权利，确认了家长在儿童教育选择方面的决定权。在宗教价值的权衡上，联邦最高法院坚持认为，继续两年的正规义务教育形式对学生的影响并不一定比特定宗教实践所带来的影响更大（这也正是威斯康星州政府未能证明的）。因此，政府在证明公共利益价值方面需要承担更多的举证责任，制定相关教育政策时需要充分考虑现有群体的教育现状以及政策推行对其利益的实质影响。

在约德案中，阿米什宗教群体所一直遵循的教育方式显著地影响了宗教社区的孩童和其他地区孩童的发展方向，确实导致了发展方向的不同。但是，这符合宗教群体的整体价值观，并没有对个人的权利进行剥夺和限制。因此，基于第一修正案的宗教自由条款，宗教群体因自身长期以来形成的宗教实践而享有选择儿童受教育方式的自由。这种教育的选择权已经深刻地内化在宗教自由和宗教实践领域。当然，这种自由并非完全绝对，8~14 岁之间的适龄儿童（政府规定的义务教育年限内）仍需接受正规的教育。因此，最高法院权衡案件的核心在于教育形式的合法性与合理性冲突的问题。由于义务教育法具有基本法律属性，强制学生接受政府提供的义务教育并不违法，但在合理性上却存在值得商榷和讨论之处。因此，联邦最高法院明确且谨慎地将这个案件限定在阿米什宗教，不适用于单独的家庭或者父母所坚持的宗教信仰。主要目的是为了防止其他宗教群体滥用司法资源，这也在约翰森诉查尔斯城市教育委员会案中得到体现。法院认为，如无法明显区分宗教文化与世俗文化，学生将无法获得义务教育的入学豁免权。

需要注意的是，“约德案”中“单室教育”的行为与宗教活动紧密相关，使得其运用宗教自由条款具有正当性，但并非所有与信仰相关的活动都受到宪法保护。在美国诉李案中，同样涉及“旧秩序阿米什人”的教派成员。上诉人认为交纳保险税违背阿米什教义，以侵犯宗教自由为由在联邦地区法院提起诉讼。地区法院裁定交纳保险税的法案违宪，但联邦最高法院推翻了这一判决。最高法院确认被上诉人信仰的阿米什宗教与社会保险法规定的义务之间存在冲突，但并不是所有对宗教信仰施加的负担都是违宪的。如果政府对宗教自由施加的负担对于实现紧迫的公共利益具有实质重要性,那么这种负担就是合理的。联邦最高法院认为自由缴纳保费制度将会损害社会保障制度的有效性,也将会让这一制度实质上无法运行,因而缺乏不缴纳税款的合法性。

第三节 在家教育模式

通过判例,美国联邦最高法院确认了家长以及宗教社区在教育活动中拥有的基本权利,并进一步明确了公立或私立正式学校教育在何种情况下具有排他性的权利。但是,由于教育形式的多样性,除了正式学校教育之外,还有许多并行的情况,其中并没有采用正式、固定的机构组织形式从事教育活动。在家接受教育是一种非常典型的非学校教育形式。因此,在法律上需要进一步完善在正式学校教育形式以外能够接受的教育的定位。在家教育是广义私立教育的一种模式,从理论上来说属于家长教育选择权的一种广泛形式,但从接受教育方式的具体选择上仍然体现了个人受教育权利与国家教育管理权利之间的博弈。

根据美国政府家庭教育调查计划(NCES)每四年一次的统计,在家学生数量从 1999 年的 85 万人增长到 2012 年的 177.3 万人,占适龄学生总人数的比例也从 1999 年的 1.7%上升到 2012 年的 3.4%。尽管义务教育与个体教育权利的冲突不断,但直到 1980 年,美国仍有约 30 个州不承认在家上学的合法性。随着教育形态的多样化发展,现在所有州均已立法确认在家上学的合法性。根据统计,约有 200 万美国人选择在家上学。一些学者认为在家上学是个人教育选择权的一种体现。除了在家上学,约有 600 万学生选择在公立教育体系之外的私立教育机构学习。根据 2018 年国家教育统计中心的数据(National Center for Education Statistics),这一数字约占美国适龄人口的 10%。与此同时,美国约有 280 万学生在特许学校学习,占适龄人口的 6%左右。

2012 年 11 月,在家教育基金会(Home Education Foundation)举办的“第一届

全球在家教育会议”(GHEC)通过了“柏林宣言”,主张在家上学是家长和学生的自然权利,并呼吁世界各国予以承认、尊重和保护。该宣言在世界范围内掀起了在家上学权利的浪潮,并成了对在家上学问题关注的表达。在家上学基金会是一个新西兰的组织,自1986年以来一直通过全国性会议、季刊、双月刊通讯、各种一次性出版物、地方讲习班和研讨会、游说活动、电话咨询等方式为新西兰各地的基督教和世俗家庭教育工作者服务,推动在家上学的形式并提供必要的资源帮助。

就美国而言,各类法院的判例大多都认可将子女送到学校或者采用在家上学两种教育方式,但是为了防止家长或者在家上学的方式对儿童教育质量产生负面影响,需要政府通过规定的方式来确保家长为儿童选择或者提供的在家教育的最终结果符合地方政府设定的基本要求。因此,美国各州都采取了不同的测验或措施来对在家教育的过程和结果进行监管,以确保在家上学儿童具有与州政府提供的义务教育相当的水平。这些保障措施包括:(1)在家教育学生必须接受成绩测试;(2)执行在家教育的教师必须拥有教育证书;(3)家庭教师必须通过考试①。这些早期规定反映了州政府希望从过程和结果两个方面对在家上学的学生进行实质性控制。这些措施与对义务教育的监管措施类似,因此相对统一,参考了公立教育的标准体系。由于这些“实质性”措施的存在变相提高了在家上学的难度,各级法院通过设立相应的判例标准来判断在家上学的学生是否能够达到与公立学校学生教育教学质量的“实质等效”(essentially equivalent),并将此作为判断在家上学是否具有合理性的基本方法。

无论采取何种私立教育模式,实际上都需要符合政府对教育事业整体的宏观规划,并获得国家教育管理权的认可,这符合教育公共行政的一般规律。由于接受初等或基础教育已经成为各国的普遍规定,违反义务教育法的强制性要求将可能遭受刑事处罚。因此,在确定家长对子女实施的在家教育行为是否满足实质等效的问题上,各级法院掌握的标准都相对较高,以避免因为模糊的解释而导致家长遭

① 秦梦群.美国教育法与判例[M].北京:北京大学出版社,2006.

受刑事处罚。也正因为如此,涉及义务教育相关处罚事项的条文必须明确而清晰。一般情况下,对在家上学的干预都是通过政府文件实施的,因此法案文本中实质等效原则的清晰程度就成为法院司法审查的关键要点。特别是在追究家长违反义务教育的刑事责任时,判断标准就显得更加严格,否则将违反宪法规定。

从20世纪80年代开始,美国大多数州都通过立法放开了对在家上学的限制。这不仅是因为在家上学是一种伴随着家庭而产生的古老教育形式,而且主要是因为随着各类诉讼和管理制度的增多,美国各级政府对于在家上学教育形态的管理框架已经基本形成。现在,只需要针对不同情况和新出现的问题进行补充性立法,以平衡社会公益和个人利益的不同需求。

在教育行政管理领域,政府负有公共教育的基本职责,政府对公共教育的控制权处于优先地位。然而,由于儿童个体的成长主要处于家庭环境中,家长对儿童教育具有控制的便利地位,这两种不同的利益天然容易产生冲突。因此,在协调全社会教育质量均衡的基础上,政府需要从公共利益的根本诉求出发,通过合法的机制来制定相应标准、规范相应过程或要求特定结果,以管理在自由选择权支持之下的在家上学行为。个人自由选择权呈现逐渐扩大的趋势,从20世纪80年代开始,美国大多数州已经立法放开对在家上学的限制,并且制定了相应的管理框架。在一些州,要求接受家庭教育的儿童接受州政府监督实施的考试,以衡量在家上学的质量,确保儿童能够获得并掌握基本的技能,达到州政府设立义务教育而确定的一般教育水平。这意味着,即使采用在家教育等另类的教育模式,各州政府仍然坚持其监督责任,并需要制定相应标准来确保儿童的教育质量①。

在家上学并非支持公共教育的无序化。在西弗吉尼亚州,联邦地区法院法官曾在努乐诉教育委员会案中确认了评价在家上学质量法案的合法性。这项法律规定,如果在家接受教育的儿童在标准化测试中表现糟糕,即使在家补课后成绩仍然无法改善,那么就不能采用在家接受教育的形式。这意味着州政府拥有考试和评

---

① 秦梦群. 美国教育法与判例[M]. 北京:北京大学出版社,2006.

价义务教育阶段儿童教育质量的权力，无论采取何种教育形式，只要不符合州政府设立的目标，都将构成对义务教育基本原则的违反。因此，综合来看，选择接受非公立教育是个体行使教育选择权的一种表现。宗教因素虽然对此类选择具有重要影响，但并非全部原因。

通过分析在家上学的案例，我们可以发现，虽然宗教因素在许多教育诉讼中一直是稳定的争议点，但在与在家上学相关的诉讼中，宗教条款并不是全部和唯一的因素，甚至不是法院关心的重点。法院主要是从具体案件的基本情况入手，对在家上学的具体情况进行分析。由于教育现象具有的多重属性，决定家长和学生是否接受公立教育可能有许多不同的影响因素，需要进行综合考虑。在家教育的本质是采用非公立学校形态，满足教育个性化需求的一种理性表达，体现了个性化、多元化的教育需求和国家公共教育提供统一化、同质化教育模式之间的矛盾冲突。

从教育的角度分析，威斯康星州的约德案的判决并没有一锤定音地解决教育选择权上的冲突和价值两难问题。实际上，这个判决与普林斯诉马萨诸塞联邦案的判决之间存在着先例判决之间的冲突。在“普林斯案”中，法院明确指出，州政府有权动用国家亲权来推行义务教育，以限制父母对儿童的控制，以保护青少年的健康成长。而沃伦法院则认为，“迈耶诉内布拉斯州案”和“皮尔斯案”的判决先例明确表达了儿童教育的重要性以及教育在民主社会中的重大利益。因此，我们可以认为，无论法官有何倾向，无论最终判决结果是什么，政府都有责任对教育进行监管。法官们需要根据不同案件的具体情况，细化对现实价值矛盾冲突的平衡。

毫无疑问，通过义务教育法对普及公共教育进行政府控制，是美国两级政府治理结构下州公共权力行使的正常范围，同时也是以国家借用亲权的名义来维护社会稳定及提高整体民众素养的重要方式。对于个体而言，教育涉及社会群体的个性发挥以及公共群体主流价值的传承，在主流社会价值观与特殊家庭环境之间，教育实施途径上难免会产生冲突。

总体上而言，美国联邦最高法院的判例体现出司法系统支持教育多元化的观念，同时也通过联邦最高法院的说服技巧将这种理念传播给大众，使大众信服。正如首席大法官伯格在“约德案”意见书中写道：“我们没有理由假设今天的多数人就是‘正确的’，而阿米什群体与其他类似的群体就是‘错误的’。一种生活方式即使是古怪甚至怪癖的，只要没有干涉他人的权利和利益，就不应该因为它与众不同而受到谴责。”经过皮尔斯案和约德案的审判，联邦最高法院再一次强调了多元社会的重要价值，并重申了多元文化对构建和谐社会的重要意义。同时，联邦最高法院确认了不同群体通过理性方式选择自身生活方式的基本权利，并肯定在家教育和其他形式的私立教育包含在受教育权的内涵之中，这些选择受到宪法保护。只要家长基于合法、合理的理由行使教育选择权，且不会对其他人的权利行使构成实质威胁，同时符合公序良俗的基本要求，那么他们选择的多元化教育形式将受到法律的保护。

第四节　课程内容的国家关注

教育既是社会发展的手段也是目的，对于整体社会以及个人发展都是至关重要的，因为它具有社会与个体的双重属性。在整个教育活动中，核心地位的是“知识”，是教育活动的主要内容。它不仅包括静态的知识，还包括获取已有知识以及创新新知识的能力或技能。这些知识有助于帮助个体更好地在社会中生存和发展，同时也能够推动全社会整体福利的提升。知识是个人价值与社会价值融合的重要工具和手段，对于国家和个人而言都是至关重要的。不同领域和不同层面的知识通过不同的教育形态和途径进行传播，起着不同的作用，影响着社会生活的许多方面，也客观上影响着社会的正常发展。接受过良好教育、拥有良好的知识体系的公民对于塑造良好的社会至关重要，影响着整个社会治理水平。因此，确定教育领域中知识的内容及其来源对于公共教育以及政府公共治理而言具有显著意义。知识内容的好坏、传播方式的效率以及质量的高低，都会影响着社会持续的发展进步，决定着公共治理的水平。

根据学科研究的分类,知识是教育政治学中非常重要的内容之一,主要关注如何通过有效规制公共教育的内容来传播并推广社会主流价值观念。政府认可的主流知识被广泛传播,提高了社会管理的效能,有助于维护社会的和谐与稳定发展。由于个体在一定程度上拥有相对自由的选择权,政府开始从教育机构的选择控制上介入到知识内容的干预中。

迈耶诉内布拉斯加案是美国联邦最高法院的典型教育判例之一,这个案件被认为是通过宪法介入家庭的第一个案例,涉及家庭在教育领域中的角色问题,从父母到家庭,从学校到教师,政府控制权的覆盖范围逐步深入最小的社会单位,教育国家主义向着不同的社会细胞渗透,存在着结构性的调整。可以认为,教育政策和实践不是单纯的技术问题,而在本质上具有政治性和价值判断性[①]。

一、语言:国家象征与文化核心

(一)迈耶诉内布拉斯加案

第一次世界大战期间,全美很多区域开始限制外语教学。1919 年,第一次世界大战结束后,内布拉斯加州的立法机构颁布了一项禁令,禁止向九年级以下的儿童在任何类型的学校中教授外语。该禁令的目的是通过政府的努力在最大范围内推广英文使用,增强国民使用英文进行沟通的能力,通过教育活动整体提升州公民对美国国家的认同。迈耶是一名私立学校的教师,他在这样的社会背景下,教授一名十岁的儿童德语,因此违反了内布拉斯加州的禁令,引发了著名的“迈耶诉内布拉斯加案”。。

在迈耶案中,联邦最高法院通过谨慎的判断,认为内布拉斯加州禁止教师教授九年级以下学生外语的法案侵犯了父母抚养子女的权利。法院认为,这项基本权利应受到“实质性”的正当程序条款的保护。最高法院认为,宪法第十四修正案的正当程序条款中所描述的自由含义“毫无疑问……不仅包括拥有身体不受约束

---

① (美)迈克尔·阿普尔. 官方知识:保守时代的民主教育:第 2 版[M]. 曲囡囡,刘明堂,译. 上海:华东师范大学出版社,2004.

的自由，还包括能够独立签订合同、从事任何常见的职业生涯、获得有用的知识、结婚、建立家庭和抚养孩子、遵从良心的命令、崇拜上帝，并且能够长期享有这些被认为是自由的人们有序追求幸福的本质权利的必要特权”。宪法第十四修正案所保护的自由，是个人获得后续发展的基础性权利，内布拉斯加州的法律限制这一权利，违反了实质性的正当程序原则，因此是无效的。此外，联邦最高法院认为这项禁止教授年幼学生外语的法律是“专横的，与州的任何目标没有合理的关系”。最终，法院基于“正当程序”条款判决这项法案违宪。

宪法第五修正案和第十四修正案的相关条款中都有对“正当程序”的描述，这些条文虽然简单，但其内涵却比较丰富，具有较强的覆盖范围，分别针对的是国会立法审查以及州立法审查。第五修正案明确，“未经正当法律程序，不得剥夺任何人的生命、自由或财产”[①]。第十四修正案，则清晰地表达了“……无论何州未经正当法律程序不得剥夺任何人之生命、自由或财产……”[②]。这两个条款都明确指向对生命、自由和财产应当通过正当程序原则进行保护，强调了程序性权利所具有的实质性价值。制定美国宪法的人强调了正当程序的重要性，并将其从最高立法的角度融入了联邦立法以及州立法的基本框架内，并将其确定为有限政府必须遵守的宪法基本原则之一。这也成为法院审查政府行为的重要衡量标准之一，并为后期的教育治理活动设定了标准。

内战结束之后，在民权法案等重要立法的保障机制下，联邦最高法院通过一系列判决确立了“一套通用标准，确保每个州的所有公民都能享有权利法案中所陈述的各种权利”[③]。很多学者认为，正是这一条款，将早期《独立宣言》序言中模糊的原则描述纳入了宪法实施的领域，该条原则具有了司法领域的价值，能够作为宪法诉讼的评判标准在法庭中运用，并作为具有权威性的依据被法院判决所引用。他们因此认为这也许是美国历史上最重要、影响最深远的宪法修正案，有“第二次

① 美国宪法第5条.

② 美国宪法第14修正案第1款.

③ (美)理查德·毕曼.美国宪法导读[M].刘雁,译.北京:商务印书馆,2016.

制宪”之说[①]。

20世纪美国个人主义兴起后，家庭成为社会问题的前沿领域。不同个体的教育观念发生变化，从而影响夫妻关系和家庭观念的法律认定，家庭成员内部的权利结构也逐渐清晰。在家庭内部和家庭成员之间，共同的教育观念也可能产生剧烈的冲突。同时，家庭作为最小的社会单位，拥有着其自身的价值观念。然而，这很容易与社会主流观念发生冲突。虽然家庭领域的诸多问题重量轻微，但性质重大，自然容易上升为联邦或宪法问题。虽然个人教育选择权具有重要意义，但是在迈耶案中，法院对家长的权利进行了一定限制，主张家长抚养子女的基本权利也仍然需要服从于州政府权力的“合理限制”，这也成为法院的共识。

（二）法灵顿诉德重案

1927年，在迈耶案四年之后，发生了法灵顿诉德重要案件。联邦最高法院裁定夏威夷禁止家长通过私人方式教授孩子外语的立法违反宪法，因为这项立法严重损害了“家长给予自己孩子指导的权利，而且我们也不能证明这种做法会有伤害”。这是社会正义原则的动态体现，正如萨维尼所言：“一个民族的法律制度，像艺术和音乐一样，都是他们的文化的自然体现，不能从外部强加给他们。”“在任何地方，法律都是由内部的力量推动的，而不是由立法者的专断意志推动。”[②]最高法院一直在社会发展的诸多矛盾中寻求平衡，甚至争取着美国社会认为最需要保障的基本权利。正是这样的激烈互动和博弈逐步塑造并解释了美国宪法的治理原则。

由于美国殖民地的历史和发展，独立战争之后的美国社会将语言视为国家主权的象征。鉴于语言在文化中的重要作用，因此，针对公立教育的具体管制往往在州政府管辖范围内展开，尤其是针对语言教学方面的管制。由于家庭文化传统与国家文化之间的差距逐渐扩大，这种权力多多少少会与家长的教育选择权以及学生的学习权利存在冲突。特别是在美国这样一个多元文化共存的移民社会中，不

① 任东来，陈伟，白雪峰. 美国宪政历程：影响美国的25个司法大案[M]. 北京：中国法制出版社，2004.

② 张宏生. 西方法律思想史[M]. 北京：北京大学出版社，1983.

同文化的冲突最终将落实到使用语言以及语言教学方面。语言问题成为公共权利和私人权利争议的焦点，并上升为联邦问题，纳入联邦最高法院的管辖范围。

作为公权力部门，公共权力行使的界限由谁来确定？标准又是什么？美国联邦最高法院通过案件审理来明确政府行为与宪法原则的符合程度。如果政府行为与宪法原则相去甚远，法官就会通过判决对其予以纠正。最终，联邦最高法院法官们一致通过了推翻夏威夷州立法的判决。他们采取了与迈耶案相同的原则，认为将外语学校置于“政府的严格控制之下，侵犯了家长和学校经营者的权利”，因此违反了宪法。

由于教育的重要性越来越被国家所认识，社会的主流思潮也认可自由地接受教育是未成年人的义务，同时也是未成年人接受社会化教育的必要组成部分。因此，不能对影响自由主义社会观念的教育内容进行限制。在 1987 年莫扎特诉霍金斯学区案中，霍金斯县教育委员会（被告）采用了霍尔特基础阅读系列教材供 1~8 年级的学生阅读，以进一步提高该学区学生的批判性阅读技能。学区的目的是让学生学习所阅读材料，对比教材所呈现的观点，并理解复杂的主题和人物。然而，一些孩子的父母声称，让他们的孩子接触其他形式的宗教观点，以及与他们信仰的宗教相抵触的观点，侵犯了他们行使自由权利的权利。他们要求委员会告知孩子教材的观点是不正确的，或者禁止他们接触这些观点，并要求法院给予金钱赔偿。最终，联邦第六巡回上诉法院判决了这个案件。法院认为，学校要求学生阅读政府选择的系列基础读物，即使其中含有多元化的宗教观点，也不侵犯家长和学生的宗教自由权。法院认为，广泛接触各种宗教观点是未成年人形成理性判断、包容社会的必要路径。这些内容是社会的真实现状，因此家长应该能够适当忍受未成年人接受自由主义公民教育的基本内容，这是未成年人成为社会公民所需的义务，也是符合国家对于公民的普遍要求和政府认可的主流价值观念。

总体上，个体的教育选择权是受教育权的一种表现形式，但由于受教育权的双重属性，同时正规学校（无论是公立还是私立）都是以群体的形式存在，随着现代社会的复杂性增加，个人利益已经和公共利益、群体利益深度融合，所以个人的权利在一定程度上需要满足基本的公共需求，或者说公共利益要高于教育选择权或宗教自由权。

政府对教育形式和内容的调控是教育国家主义的主要表现，该国家主义在教育领域的应用还包括教育资源的分配政策、实施和评估。在美国，分权制衡的政治框架使教育活动本身成为政治议题的重要领域，政府层面对于教育国家主义的观点存在着实质内容选择和实施程度大小的争议。在政府内部以及政府与其他主体的不断互动和博弈过程中，综合考虑不同社会因素的影响，国家与教育之间的关系以及政府对教育干预的程度也备受争议，不同部门的观点和态度并不一致。

基于美国司法实践和宪法所宣扬的基本原则，司法系统可以利用司法审查权审查政府立法行为，因此政府以外的民事主体可以以公权力不当行使对个人权利造成侵害为理由提出宪法诉讼。如何在个体自由发展权利与教育国家主义之间实现有效平衡，是一个随着社会发展不断深化的问题，需要政府各部门共同参与。教育纠纷是否涉及“联邦问题”，成为联邦最高法院介入的基本法律依据。

独立战争之后，美国经历了民主化变革，隐含的“家长式权威”从宗教社团转移到了遵循“民主观念”的政府。因此，存在个体内心的传统权利理念与政府代表的民主思想之间的冲突，特别是当政府需要通过教育机构和教育方式来传播政府的主流教育价值时，必然会面临不同家长的抵制，这其中文化的力量也不容小视。

（三）刘诉尼克尔斯案

美国历史是一部多民族不断融合的历史，各民族在这样一个熔炉中相互碰撞，构筑了美国社会的典型特征和结构。移民潮一直贯穿着美国社会的整体历史发展。在 2010—2012 年期间，美国超过 135 个大都市的人口激增并不是由于本国人口的内生性增长，而是由于来自其他国家的移民涌入。美国最近的人口普查报告显示，在全国 3 142 个城镇中，已经有超过 11%的城镇中少数族裔人口占多数（即 majority-minority）。对于每个民族而言，最为核心的一种要素就是语言，语言承载着重要的文化功能。由于个体的语言需求不同，在多民族、多语言的国家中，语言政策不仅关系到国家自身的政治、经济利益和国防安全，而且和国民的文化、教育和生活息息相关，影响民众的国家与民族认同以及国内民族关系等重大问题[①]。1974 年最高法院判决的刘诉尼克尔斯案就是语言政策与移民群体冲突最为典型的代表。

1971 年，加州旧金山的学校系统进行了调整，导致 2 856 名华裔学生加入了新整合的学校。这些学生大部分不会说英语，但只有约 1 000 名学生能够获得英语辅导课程的学习机会。旧金山统一学区（San Francisco Unified School District）拒绝为其他 1 800 余名学生提供英语辅导课程或其他帮助。于是，这些华裔学生对该学区提起了集体诉讼。他们认为学区的这一做法违反了联邦宪法第十四修正案中载明的平等保护条款。地区法院拒绝了学生的请求，第九巡回法院确认了地区法院的判决，两级法院一致认为学区的做法没有违反平等保护条款。联邦最高法院在审查后针对此案件发出了调取案卷的命令。

联邦最高法院审理认为，旧金山统一学区并未能够为那些来自非英语国家的学生提供必要的英语教学，违反了《加州教育法典》和 1966 年《民权法案》601 条款的要求。在联邦最高法院看来，旧金山学区的这种不作为行为，剥夺了某些族裔学生有效参与教育项目的能力和机会，违反了《民权法案》601 条款所规定的禁止接受联邦援助的项目存在歧视种族、肤色或国籍的行为的要求。

1954 年，联邦最高法院关于布朗案的相关判决认定“隔离但平等”的原则违反宪法，将种族平等的教育理念纳入宪法保护的范畴向社会推广，影响了美国社会生活的各个领域。但是实质上，美国社会推进种族融合的进程相当缓慢。虽然美国有些州早在 17 世纪就认可并实施了双语教育，但是这一政策实施的范围和力度有限，而且在联邦政府层面推动双语教育活动从 1968 年才开始，其重要的标志就是通过了《双语教育法案》。在民权运动的影响下，美国联邦政府秉承的观念是语言

① 殷刚魁，邵晓霞. 美国语言政策及其对我国民族地区双语教育的启示[J]. 民族高等教育研究，2019，7(02)：44-49.

和文化歧视对少数民族儿童产生了不利影响，因此需要政府介入。但由于美国的分权体制，联邦政府只能通过资金分配的方式间接要求地方政府来推行双语教育。在联邦最高法院看来，在实质平等的要求下，如果全部课程的核心内容都是由英语教授的，但学校却不能提供充分的英语辅助教学，那么这些学生无法充分理解和享受政府提供的教育资源。因此，学校在实质上未能为非英语母语的学生提供接受公共教育的平等机会。联邦最高法院进而认为，如果这一政策持续推行，将成为种族歧视的另一种现实形态。

另一方面，学区对于"平等"的理解并不一致。他们认为学校为刘和其他华裔学生提供了与其他种族学生"相同"的学习资料和指导，因此这样的方案对所有学生没有差别待遇，是一种平等的表现。同时，学区不应该考虑每个学生入学时的教育背景和语言能力，因为学区本身不是他们英语能力不足的原因。因此，政府认为在学区范围内为学生提供相同的教材和授课方式，并没有违反平等原则。基于相同的原因，第九巡回上诉法院也认为该地区并没有造成学生英语水平的不足。在案件审理的过程中，学区与地方法院采用的审查标准是形式平等。这些机构认为只要平等并非由于公权力刻意为之或并非造成这种差异的原因，就符合宪法规定的平等原则。这一问题实际上也确实存在于联邦政府 1968 年的《双语教育法案》中。虽然该法案提倡"双语教育"，但并未明确是否应该平衡地保持双语的地位，还是通过双语教学达到顺利推行英语的情况。因此，各地方政府在执行政策的过程中也存在模糊性。旧金山统一学区所存在的问题也是因为政策文本及其载明的目的不明确所致。

鉴于这种情况，联邦最高法院策略性地回避了实质问题的判断，没有直接判断应该使用实质等效的原则来检测平等，还是认为形式平等是一种普遍被接受的选择。他们回避了判断学区是否违反了平等保护条款的实质问题，而是通过判断学区是否遵循了《加州教育法典》和 1964 年《民权法案》601 条款的具体条文规定来得出他们的裁判基本观点。

1973 年《加州教育法典》要求：

（1）6~16 岁的儿童参加全英文授课的全日制课程；

（2）如果学生没有达到英语水平，他们就不能从一个年级毕业；

（3）只要不妨碍正常的英语课程教学，双语教学是允许的。

根据法典的描述，由于非母语学生不能熟练掌握听、说、读、写的基本要求，加州的公立学校不能在课堂教学中给予他们与母语学生相同的受教育机会。换句话说，如果学生没有良好的英语技能，那么他们事实上无法接受公立学校教育教学的内容。在法官们看来，“基本的英语技能是公立学校教学的核心，……强制要求孩子在有效参加教育项目之前必须已经掌握这些基本技能，这是对公共教育的嘲弄。”因此，学区不为华裔学生提供英语补偿教学的机会首先违反了加州教育法的基本要求。

其次，为了获得联邦资金，任何接受资金的学区或政府需要遵守 1964 年《民权法案》的要求。卫生、教育和福利部（HEW）也会定期发布指导方针，帮助学校或学区遵守民权法案的相关条款要求。1970 年 HEW 制定的《新教育工作者指南》明确要求通过“采取积极措施”帮助学生克服语言障碍，将其作为消除种族歧视的重要途径。因此，根据本案的现有事实，法院裁定旧金山统一学区并没有采取指南中所要求的“积极措施”来帮助这 1800 名学生提高英语水平，以接受平等的公共教育，因此也违反了《民权法案》的要求和《新教育工作者指南》的指导意见。

语言是文化的重要载体，为了塑造共同的国家认同和文化价值，需要通过公共教育来培养良好的公民。因此，在公共教育的教学过程中，政府首先需要确保学生能够完全接受学校公共教育的基本信息。要实现这一点，语言作为知识的载体作用就非常明显。学生所具备的语言能力也决定了他们吸收知识的程度和效果。在一个多民族和多语言环境的社会中，政府在设计公共课程的过程中需要从国家需求、政府需求以及社群需求的多重角度考虑如何选择语言以及语言应用的程度，并最终决定“官方知识”的内容及其有效的传播途径。

双语教学一直是美国多元文化融合过程中备受争议的话题,政府在不同时期所遵循的原则也存在一定的差异。但总体而言,语言政策的推广是国家战略内化的表现,通过不同的语言政策,外化出来的主要内容是教育领域中的语言文字使用规范。美国作为一个移民国家,在公共教育领域中秉承的原则是开放和包容,尽可能地吸纳不同族裔的群体接受平等的公共教育,但毋庸置疑的是,统一的语言文化水平也在美国教育发展过程中成为衡量公共教育质量的重要标准。

二、进化论:科学与宗教的永恒矛盾

美国是个矛盾体:既是现代国家,又是宗教国家[①]。美国人一直相信宗教在社会生活和政治领域发挥着重要的作用。20 世纪 20 年代,美国出现了反进化论社会思潮,这一时期成为传统宗教思想和新兴进步科学交锋最为激烈的时代。在时代思潮的影响下,传统公共教育机构开始反思自然科学课程的定位问题,新兴的自然科学发展学与传统教育模式下教育模式的封闭性再一次产生冲突,并开始从高等教育领域进入基础教育领域。

1923 年 2 月,俄克拉荷马州通过了一项议案,其中附加条款规定禁止讲授进化论。同年 4 月,佛罗里达州也出台了一项法律,禁止在公立中学或学院讲授无神论、不可知论,或把达尔文学说当作真理来讲授,或者讲授任何与低等生命形式有血缘联系的进化假说。而 1925 年 2 月 21 日,田纳西州议员约翰·华盛顿·巴特勒提出了《巴特勒法案》(*Butler Act of* 1925),明确规定在任何全额或部分由国家公立学校资助的大学、师范学校和其他所有公立学校中,任何教师讲授任何否认《圣经》中所讲神创人故事的理论,而讲授人是从较低级别的动物中进化而来的理论,均属非法。该法案还规定任何教授进化论的教师都是轻罪,将被罚款 100~500 美元。该法案在州众议院以 71 比 6 的票数通过,在州参议院更是以 24 比 6 的比例高票通过。

“巴特勒法案”在州议会通过的消息一经传出,立即在美国引起了强烈反响。

---

① (美)卡尔·埃斯贝克. 美国宪法中的政教关系[M]. 李松峰,译. 北京:法律出版社,2016.

一些科学家、进步人士纷纷写信抗议，但是无济于事，该法经州长签字后生效[①]。1925 年 3 月 21 日，田纳西州州长奥斯汀·皮伊(Austin Peay)签署了该法案。他表示，自己签署这项法律是为了对抗学校中宗教信仰的衰落，但他并不相信这项法律会得到执行。

在这样的背景下，全美民权联盟(ACLU)认为这项法案是对言论自由和学术自由的威胁，开始寻找合适的当事人在宪法的基础上挑战这项法案的合法性。戴顿镇的约翰·斯科普斯作为一名数学教师曾在代课时讲授过生物学，他自愿成为志愿者，挑战了这项法案，并承认违反了该法案。ACLU 以此为由代表约翰·斯科普斯向法院提起诉讼，引发了著名的 1925 年"斯科普斯案"，也称为"猴子审判"。

田纳西州刑事法庭审理的斯科普斯案是一个重要的案例，涉及公立学校是否可以将"进化论"作为基础教育教学内容。在科学尚未完全普及的时期，宗教传统深刻影响着美国政治文化，两位著名律师在庭上针锋相对，分别是三次总统候选人威廉·詹宁斯·布莱恩担任控方律师，以及著名庭审律师克拉伦斯·达罗担任辩方律师。审理历时 11 天，始于 1925 年 7 月 10 日，结束于 7 月 21 日。最终，斯科普斯被判有罪，并被罚款 100 美元。这一失败对美国的进化论教育以及其他的科学教育造成了严重的危害。由于担心遭受抵制或处罚，出版商避免或减少出版有关进化论内容的书籍。有三分之一的美国教师由于害怕受到处罚，不敢公开承认自己接受了进化论，更不敢教授进化论[②]。

在这样的情况下，斯科普斯案的判决推动了其他地区立法禁止教授进化论。《巴特勒法案》在田纳西州一直是有效的法律，直到 1967 年被废除。美国联邦最高法院直到 1968 年才在艾伯森诉阿肯色州案中裁定反进化论法令违宪，这才开始改变进化论与神创论的争论格局。

1928 年，在禁止教授进化论的浪潮下，受到巴特勒法案的影响，阿肯色州也出

① 李亚宁，张增一. 美国社会中的科学、宗教与法律"斯科普斯案"剖析[J]. 自然辩证法研究，2007(05): 13-17.

② PARK, HEE-JOO. Anti-Creationism in America[D].Melbourne:University of Melbourne, 1997.

台法律，规定"禁止讲授进化论或者禁止使用包含有人类是从低等的动物发展而来内容的教科书，并且对违法者处以最高 1 000 美元罚款和吊销教师资格证的处罚"。苏珊·埃珀森（Susan Epperson）是伊利诺伊大学生物学专业研究生，1964 年毕业后在阿肯色州小石城中心高中任教。她在课堂上讲授了进化论的基本内容，因而面临校区教育委员会的纪律处分。埃珀森坚持认为，1928 年通过禁止教授进化论的法案违反了宪法的基本原则，侵犯了她的自由表达权，并且也阻碍了她作为生物教师应尽的教授基础知识的义务。于是她向联邦地区法院和联邦最高法院提起诉讼，形成了埃珀森诉阿肯色州案，成为联邦最高法院介入进化论与反进化论争议案件的开端。

州地方法院确认阿肯色州禁止教授进化论的法律侵犯了言论自由，认为它"阻碍知识探索，限制学习的自由，妨碍教学自由"，如果坚持这项法律，将会不公正地剥夺宪法赋予公民的几项自由权利[①]。阿肯色州不服，提起上诉，州最高法院支持了这项立法。最终，美国联邦最高法院认定阿肯色州的法律违反了宪法，并确认了州地方法院价值判断的有效性。福塔斯大法官指出，"在我们的民主社会中，各州政府和联邦政府在宗教问题上必须保持中立。因为宪法第一修正案要求政府在各宗教之间、宗教和非宗教之间保持中立的态度。"这也就意味着阿肯色州和路易斯安那州有关给予科学和创世论在教材中"同等地位"的平衡法案背后的基础原则被推翻。

然而，时至今日，进化论是否可以在公立学校进行教授，在美国仍然是一个备受争议的话题，也衍生出了诸多矛盾和诉讼案件，成为美国社会领域争议的重点议题之一。联邦最高法院在艾弗森案中第一次将禁止立教条款适用于州和地方政府，而在麦科勒姆诉教育委员会案中，首次判决认为政府行为违反了该条款。作为一种基础性的生物科学和自然历史研究解释理论，进化论与特定社区的宗教信仰和宗教学说存在解释对象上的重叠。因此，普通民众或宗教社区会以宗教信仰为

---

① WEBB, GEORGE E. The Evolution Controversy in America[M].Lexington: University Press of Kentucky, 1994.

理由排斥进化论。在这种情况下,宗教知识体系和国家的公共知识体系可能会产生冲突,尤其是在使用公共学校资源来传播知识的过程中。如何权衡其中的价值和优先级,需要结合具体的关键因素进行分析。在对公共教育领域义务教育内容的控制过程中,宪法第一修正案的立教条款成了一把“双刃剑”,用来在宗教价值观和公共利益之间进行抉择。

第三章　教育机构权利的变迁

一、美国教育机构的法律身份

虽然公立机构和私立机构特点不同，但两者规模都非常大。庞大的教育规模支撑着美国经济和社会的发展，为各行各业提供了人才。根据美国联邦教育部的统计，2015—2016学年美国共有各类基础教育机构139 874所，其中公立学校有98 277所，私立学校有34 576所。符合第九条款（Title IX）规定的高等教育机构共有7 021所，其中公立高等教育机构有1 965所，非营利私立高等教育机构有1 859所，私立营利性高等教育机构有3 197所。与1999—2000学年相比，高等教育机构的绝对数量增加了614所，但公立机构从2 078所减少至1 965所，下降了5.4%；非营利私立机构从1 936所下降至1 859所，下降了4.0%；而私立营利性机构从2 393所增加至3 197所，增长了33.6%。与此同时，公立基础教育机构从92 012所增长至98 277所，增长了6.8%；私立基础教育机构从32 995所增长至34 576所，增长了4.8%。在类似的统计口径下，美国教育领域内，高等教育机构的活跃程度要高于基础教育领域。

美国各类教育机构之所以能够大规模发展，是因为其法律属性赋予了其合法的主体地位和独立行为的能力，这也为教育机构提供了必要的支持。作为社会组织的教育机构，包括学校，都在美国法律体系下合法地行使其职能，享有自主权利和承担责任的能力。在美国，从事教育活动的机构都需要具有法人身份，并由政府特许设立，接受政府的监管。无论是公立机构还是私立机构，其法人分类不同，因此在法律上所享有的权利义务也有所不同，呈现出各异的特征。

美国的义务教育包括小学教育（Elementary）和中学教育（Secondary）两部分，

中学分为初中和高中两个阶段共 12 年。中小学区分为公立学校和私立学校两大类，2018 年总在校人数约 5 650 万人，其中公立学校 5 070 万人，私立学校 580 万人。公立学校人数占到入学总人数的 89.7%。初等教育学制有四年制，八年制和六年制 3 种。四年制小学与中间学校衔接，为数不多，八年制小学多设在乡村，六年制的小学占大多数。小学通常分为三段：低年级（1~3 年级）；中年级（4~6 年级）；高年级（7~8 年级）[①]。在国家传统的学制体系下，这些教育实施机构都具有一些相似的特征，并且它们的治理结构也具有相似之处。现代学区制度采用的是基于法人的法律组织管理模式，法人制度构成了美国教育机构的底层法律结构，是教育治理的核心问题。

美国的法人制度，是由联邦最高法院通过达特茅斯学院案的判决确立的，并经过一系列案件的发展形成了相对完善的法人财产制度和法人治理体系。达特茅斯学院案是一个复杂的案件，涉及教育、慈善、商业、合同等多个领域，这个判决成为了划分美国公立教育机构和私立教育机构的界限。达特茅斯学院案之后，各州政府开始反思公共经费在教育领域的使用途径及其合法性，积极支持设立并运营州立大学，以建立新式的教育机构来培养和传播符合州政府理念的各类人才。正是因此，美国的州立大学在这一时期迅速地发展起来。

作为美国法律转型过程中重要的宪法判例，达特茅斯学院案的核心目的是从根本上认可私立机构或私人团体在美国整体法律体系下的合法身份。该案通过肯定机构的私人属性，确立了私人组织所拥有的独立财产权受到宪法保护，并建构了美国法体系下私人机构所具有的独立法人人格。在法人制度的保护下，美国的小型私立机构，包括教育机构，开始具有了能够和公立机构一同竞争的平等法律地位，避免了政府干预。这进一步促进了商业组织的崛起，塑造了美国活跃的商业文化和完善的市场。在这样的多元文化保护下，各种类型不同层次的私立教育形式都得以自由发展，取得了较大的成就。

---

① 强海燕. 中美加英四国基础教育研究[M]. 北京：人民教育出版社，2005.

希尔斯曼认为真正的民主不仅仅是少数人绝对服从多数人的意志，“还要保护少数人的权利以反对多数人的专横独断”[①]伊利也曾说，“宪法适合存在的情形，是代议制政府不能被信任的情形，而不是我们认为政府可以受到信任的情形”[②]。正是基于对政府行为的不信任，宪法机制成为在关键时刻制衡不符合社会发展潮流或不理性政府行为的有效手段。当强大的政府机构对于处于成长期的教育机构进行干预时，需要找到与之抗衡的有效武器，而联邦最高法院所坚持的原则正是为美国社会发展中的现实选择提供支持。

“达特茅斯学院案”是美国法律转型与高等教育发展过程中的具有里程碑作用的历史事件。通过联邦最高法院的判决，私立学校的章程第一次在美国法上被赋予了“合同”的法律属性，获得了未经双方认可不得修改的权利保护，免遭政府借用公共利益为借口而任意更改。同时，基于合同对世属性，学校组织的法人结构及其特权也获得不受任何第三方非法干预的法律保障，从而拥有了组织发展的稳定性。通过联邦最高法院的这一判例，实质上也将英国法之下针对法人组织的教权、皇权的二元等级权威保护过渡到美国法之下单一法律权威的宪法保护中来，从根本上改变了英国法律体系的基础法律关系，是美国法律转型过程中的重要事件。美国教育治理过程中，通过法官制定法律，对美国法中有关教育机构的基础法律关系进行了梳理，从功能上实现了学校组织管理以及组织权利的法律保障，让美国公立教育机构和私立教育机构同时具备了自由发展的法律基础，确立了公私两种类型的教育共同发展的基本格局。

二、达特茅斯学院与法人属性

达特茅斯学院位于美国东北部的新罕布什尔州汉诺威，由神学博士伊利亚塞·韦洛克（Eleazar Wheelock）于1754年设立，其最初的形态是莫尔印第安慈善学

① （美）希尔斯曼. 美国是如何治理的[M]. 曹大鹏，译. 北京：商务印书馆，1986.

② （美）约翰. 哈特. 伊利. 民主与不信任：司法审查的一个理论[M]. 张卓明，译. 北京：法律出版社，2011.

校(Moor India Charity-School)①。最早慈善学校设立得到了当地公理教会的大力支持,目的是希望通过稳定的教育机构,向殖民地的年轻人和印第安人传播基督教②。在1769年,伊利亚塞·韦洛克获得了来自英国国王的特许状(charter),并将莫尔印第安慈善学校升格为具有学院性质的高等教育机构——达特茅斯学院。从某种意义上来说,达特茅斯学院可以视为莫尔印第安慈善学校的前身,但是在成立达特茅斯学院之后相当长的一段时间里,莫尔印第安慈善学校仍然继续存在,并且在人员构成上与达特茅斯学院有很大的重合。

特许状又被称为章程或权利证书。根据英国法律,特许状是设立法人组织的必要程序。由于殖民地时期的新罕布什尔仍然属于英国的领地,因此同样需要依据英国法获得批准。达特茅斯学院获得皇家认可的特许状意味着在英国法律体系中具备了独立法人的形式,这一形式获得了外部权威的认可。此外,学院也拥有了特许状中所规定的法人特权,具有了独立的身份。在达特茅斯学院的特许状中,明确规定了学院的成立目的、组织结构、土地赠与等多个特权,这些规定成为学院发展的重要保障。

经历独立战争后,达特茅斯学院的办学逐渐艰难。在伊利亚塞·韦洛克的推荐和努力下,他的儿子约翰·韦洛克(John Wheelock)被任命为学校的继任校长,继续维持学校的运营。然而,约翰本人并非牧师,也不擅长学校管理事务,因此在学院的运营过程中与公理教会管理层和理事会发生了激烈冲突,并被解除了校长、董事和教授的职务。约翰随后投向共和党阵营寻求帮助。

1816年,共和党人赢得了新罕布什尔州的大选,他们认为这场纷争是一个很好的政治筹码,有利于州政府表达自身的利益,于是他们支持约翰维护自身利益的行为,通过共和党主导的州议会立法修改了达特茅斯学院的特许状,成立了新的达特茅斯大学。新特许状赋予州政府任命校长的特权,同时通过立法将达特茅斯学

① JOHN M.SHIRLEY.The Dartmouth College Causes[M].Chicago: G.I.Jones Publisher,1879.

② RICHARD HOFSTADTER, C.DEWITT HARDY.The Development and Scope of Higher Education in the United States[M].New York:Columbia University Press,1952.

院董事会的成员人数从 11 名增加到 21 名,并增设由州政府任命的外部监事会成员,实际上对达特茅斯学院形成了控制。约翰本人被州政府委任为新达特茅斯大学的校长。

在达特茅斯学院董事会与州政府抗争的那段时期,学院内部也产生了分歧。担任学院财务总管职务的伍德沃德(Woodward)投靠了新成立的大学,并将学院的档案、印章和其他一些财产转移到了新的大学,拒绝归还。这种行为遭到了学院理事会的强烈反对,他们将伍德沃德告上了法庭,从而引发了“达特茅斯学院案”。

1817 年,案件诉至新罕布什尔州最高法院,州最高法院判决认为,虽然达特茅斯学院成立于殖民地时期,但由于其设立早期的核心目的确实是服务于殖民地的总体利益,因此是基于公共利益而设立的,具有普遍性和典型的公共属性,这些内容都明确记载在特许状之中。通过对达特茅斯特许状的解读,法院认定达特茅斯学院为“公共机构”。基于此,法院进一步从法律上推论,由于州政府作为区域内公权力的行使机构,对公共机构拥有天然的管辖权,因此政府针对达特茅斯学院的系列立法行为并不违反宪法。可以说,该法院实际上确认了政府可以通过代表民意的“议会”,利用立法机关对特许状进行修改的合法方式,从而将学院从“私立机构”转变为“公立机构”。

该案争议被联邦最高法院受理。在最高法院的辩论中,达特茅斯学院的校友丹尼尔·韦伯斯特(Daniel Webster)代表该学院出庭辩护。在他的代理意见中,他认为这一案件关乎所有美国“慈善机构”,因此具有典型性。这个案件的关键法律问题涉及可能剥夺每个人权利的问题。在法庭辩论中,韦伯斯特认为英王乔治三世颁发给达特茅斯学院的特许状具有合同属性,因此议会无权修改或废除该特许状。由于合同相对性原则,特许状中规定的特权和优惠应该永久归达特茅斯学院理事会所有,不受州政府的干预。最终,韦伯斯特将辩论归结为一个简单的问题:“州的立法机关是否有权任意取得那些不属于它的财产,改变原始用途,使其符合州自身的利益?”①

1819年初,联邦最高法院以5∶1∶1的比例判决新罕布什尔州的立法行为违反宪法,其中首席大法官马歇尔(John Marshall)本人则强烈支持了达特茅斯学院的诉求,认可了达特茅斯学院所持有的基本观点。他不仅确认了达特茅斯学院具有私人机构的法律身份,解决了公私纠纷,而且同时认为英国国王授予学院的特许状具有合同属性,未经双方同意都不得更改,赋予了其法人特权不可改变的功能。因此,新罕布什尔州政府通过立法行为改变私立机构特许状的行为侵犯了宪法中的“合同圣洁”的原则,进而结束了有关学院法律身份的争论。

三、法人组织实质与章程性质

法人制度对于美国社会的发展至关重要。它是美国各类组织得以自由发展的重要法律保障,其他社会组织的发展都是基于这一基础产生的。美国教育机构能够如此活跃,其中一个重要原因就是它们拥有完善的法人立法来保护其合法权益,并排除政府和其他组织的非法干预。

通过马歇尔大法官的论证,美国联邦最高法院第一次在现代美国法意义上明确了什么是法人,赋予了法人组织在美国法上的实质含义,推动了美国法律体系下关于组织机构法律身份的构建,也为独立战争之后美国法的重构提供了重要的先例支撑。达特茅斯学院案之后,美国的教育机构作为独立的法律实体开始拥有了自身不可被剥夺的实体权利,能够在市场中独立从事民事活动,也能够在法庭上为自己的权利而辩护。通过法人制度,在政府和组织机构面前树立了一道法律防线,让私人组织获得了自由发展的空间。

马歇尔大法官在达特茅斯学院案的判决中解释道,所谓的法人,“在普通法上的概念,就是个体的集合体。这种集合体的特殊属性是在特殊的名称之下,享有特定的法律保留、特权以及行为能力。而这些特殊属性却又并不属于组成他们的成员。这些特殊属性还包括,永久存续、通过集体投票或者成员意愿行动、因特权、义

① 周详.“达特茅斯学院案”及其对美国高等教育的影响[J].教育学术月刊,2009(06):76-78.

务受到侵犯而起诉或者被诉等”。在他看来,“法人就是存在于法律建构之中的,被赋予了特定权力和特权的拟制人(artificial person),其特权需要通过其中的自然人实现,就如同其他真实存在的自然人一样。因此,基于这样的特权,法人同样可以起诉他的自身成员或者被他的自身成员所起诉,自然也就能够以相同的方式与他们订约,就如同其与陌生人一般”

在罗马法时期,法人的概念就已经产生了。尽管英国对于法人相关的法律制度相对完善,但随着美国独立战争的胜利,英国的法人制度失去了在美国的存在基础,因此需要在美国自身的法律体系构建过程中重新塑造。通过最高法院的判例论证,美国法律体系下明确了法人的确切定义,进一步明确了自治团体、教育机构、私人公司等组织机构的法律性质,促进了英国法向美国法的过渡。由此,美国的学院、教会、公司等均取得了独立的法律身份,获得了不可轻易被剥夺的法人特权,并使得团体组织及其行为被纳入现代法律体系的保护之中。法院通过立法的方式确立了教育机构包括学校或学区的法律身份和行为能力,为美国教育发展打开了更为广阔的空间。

独立战争后,新政府加速了脱离英国法的进程,而民主思想的传播则使政府产生了控制教育机构的意图,政府希望通过现有的教育机构推广新政府的理念。在文化和政治环境变迁的双重压力下,教育机构备受考验。联邦最高法院的法官、政治家和立法者共同承担起了重新塑造美国政治和法律体系的责任。一个国家的政治制度决定着这个国家教育决策的过程和要素,任何一项政策的理论框架都基于其政治制度[①]。在这样的法治进程中,联邦最高法院的法官在进行判决时,无意中塑造了美国整个教育制度的基本雏形和法律框架,通过一系列的判决,教育机构与组织的法律形态得到了确认,教育组织机构的运行原则也逐步完善。

马歇尔大法官从法人设立和法人权利的基础法律理论和原则出发,在重塑美国法的时局之下,充分利用达特茅斯学院案件将独立之后处于模糊状态的团体组

① 王瑜. 美国义务教育择校制度的运行机制研究[J]. 外国教育研究,2013(5):37-40.

织的法律身份进行重新定义，从而界定了公有和私有的法人类型。马歇尔大法官认为，达特茅斯学院在法律身份上是作为慈善法团而存在的“私立学院”，公共权力无法干涉。作为联邦最高法院早期的案例之一，马歇尔法院不仅重构了合同法原则，而且将这一原则创新地应用于学院章程上，从功能上解决了章程的稳定性和章程文本的对世权问题。

他将政府希望更多地控制公共教育机构的政治问题，回归到了法律的评价和分析框架之内。他认为该问题的核心并不在于社会是否需要政府资助教育，因此不应该将其纳入政府控制。政府当然承担着支持和鼓励教育发展的天然职责，但是该问题的本质是政府是否能够在本质上干预私人或者私人组织的运营。如果达特茅斯学院属于私人社团，那么该机构就依法获得了独立的法律主体地位。如果公共权力希望对其进行调整，就需要遵循合同原则，而不能随意滥用公权力对章程和组织结构进行调整。

纵观美国历史的发展，由于独立战争之后民主思想的传播，政府对改革殖民地学院的行动变得非常普遍，除了新罕布什尔州外，其他新成立的州同样实施了对教育机构的政府干预。例如，宾夕法尼亚州也成立了殖民地学院，但宪政主义者在普通议会中占据了大多数，通过掌控议会的投票权，立法会议于 1779 年 11 月 11 日通过了一项法案，废除了原有宾夕法尼亚学院的董事会，并以新董事会取而代之，将“这个旧有的学院转型成为新的大学机构”①。经过议会立法将殖民地学院“国有化”，并以此为基础传播民主思想并培养政府所需人才，成为独立战争后美国各州新兴政府对待本州传统殖民地学院的一般态度和做法。同时，这也构成了学院发展的现实政治环境。

教育机构不能脱离所处的政治环境而独立存在。殖民地学院的历史改革过程折射出了在全新政治环境中不同教育理念的冲突与博弈。新兴的民主政府秉承的治国理念与殖民地长期形成的政治文化存在冲突，因此建国者们也需要寻找一条

① 周详. 达特茅斯学院案与美国私立大学章程[J]. 湖南师范大学教育科学学报，2014，13(02)：87-92.

可持续的，与英国和新大陆不完全相同的发展道路。这是一项艰难而又需要睿智的行动。改组殖民地学院是推广民主思想的可行路径之一。革命战争胜利后，社会环境凋敝，政府可以通过财政资金支持学院并与各学院进行谈判。一般情况下，由于渴望得到政府的资金支持，学院都会在一定程度上对政府的立法行为让步。政府在给予了资金支持之后，得以合法地介入殖民地学院各项事务中，但不同的政治理念使得学校的法人地位和权利受到了政府干预的严重威胁。这一过程被共和党的支持者认为具有集权化的倾向，并将这样的立法行动转化为政治角逐。因此，学院成了各种政治理念的试验场①。

综合来看，在美国建国初期改组殖民地学院的举动是一种被“普遍接受”的行为。虽然当时政府加强了对殖民地学院的控制，但政府也给予了殖民地学院十分充分的支持，帮助他们度过了建国初期最为艰难的时期。然而，直到达特茅斯学院案之后，这种模糊状态才开始变得清晰，单纯的价值逻辑开始松动，法律逻辑才开始在政府公共治理过程中逐渐发挥作用。

学界一般认为，达特茅斯学院案的判决，促使美国高等教育明确地划分为公立和私立两个系统，私人机构的独立性也开始显现出来，在法律上拥有了实体权利以及程序性权利。政府意识到作为“私人法团”和“慈善法团”存在的私人学院，拥有与自然人相同的财产权利与独立意志，不能依靠单纯的公共投资和立法行为“合法的”改变高等教育机构原初的性质，并对其进行实际控制②。美国联邦政府和各州政府已经认识到，仅仅通过改变和控制现有机构来推广民主教育并不可行。这样做可能会面临较大的法律风险和社会舆论压力。因此，它们已经转而将对私人机构的直接投资转化为对个人（即学生和教师）的直接投资。这样做的目的是避免或规避私人机构对政府公权力的潜在“侵权行为”的控诉。同时，政府还通过直接的资金支持来建立更多的公立学校，以便增强其在教育方面的话语权。

① DOUGLAS M.ARNOLD.Are publican revolution：ideology and politics in Pennsylvania 1776-1790[M]. New York：Garland Pub，1989.

② 周详.“达特茅斯学院案”及其对美国高等教育的影响[J]. 教育学术月刊，2009（06）：76-78.

因此,私立学院从政府干预的危机中脱离出来。美国的“公立”和“私立”高等教育机构的独立性得到了最高法律的保障,这保护并促进了美国学院与大学特有的多样化特征和竞争机制,也促进了宗教团体和私人团体组建私立高等教育机构及其其他类型教育机构的积极性。在这样的基本原则的保障下,独立的私立教育机构以及宗教附属的教育机构获得了广泛的成长空间,并呈现出多样化的发展态势。

达特茅斯学院案判决的本身,是司法系统对美国个人主义信仰与私人产权制度的一种法律强化。作为私人团体的私人学院,一旦得到政府的特许或者法律一般认可,自身就具有了“法团”身份,拥有法律上的独立地位,这对美国所有的私人学校,乃至所有的私立慈善机构都具有决定性的意义,它保护所有私立学院作为独立的“慈善法团”不受政府的直接政策控制①。

1769年成立的达特茅斯学院,是英属北美殖民地成立最晚的高等教育机构之一。其管理模式受到了英国的传统和殖民地时期特殊的边疆环境的深刻影响。英国法律体系中有关信托概念以及从欧洲中世纪开始形成的大学传统,对采用何种法律方式管理高等教育机构影响深远。这些因素塑造了美国大学的基本精神和管理观念。独立战争后,美国延续了殖民地所形成的新大陆文化和法治传统,并通过法人结构获得了自身的独立地位。同时,美国大学和学院传统也得以延续。私立机构通过美国的法人制度实际上获得了基于财产权的独立地位。通过重构美国法下的法人制度,法院再次重申了“私有财产神圣不可侵犯”的宪法基本原则。

在国家权力与个体教育选择权之间发生冲突时,财产权成为对抗政府义务教育立法的有效工具。在家长与政府因教育选择权而产生对抗的时候,财产权成为家长和学校对抗公权力干预的有效武器。这是因为达特茅斯学院案所塑造的独立法人,个人的财产权的基本属性被延伸到了组织机构,教育机构的财产权未经正当程序也不得被政府剥夺。这一原则在皮尔斯案和山间军事学校案中同样被运用,

① 周详.“达特茅斯学院案”及其对美国高等教育的影响[J].教育学术月刊 2009(6).

而且法人财产权的获得,也为在美国法律体系下形成和构建完整的法人制度奠定了基础。

达特茅斯学院案在美国法律意义上确立了法人制度。在这一制度下,所有组织机构都可以注册为具有独立身份的法人组织,从而获得永久存续的法律身份。这一制度的设计融合了英国法律框架中的信托传统,美国教育领域的捐赠财产逐渐形成了自身独立的所有权及其属性,进一步强化了法人特权,使其成为脱离捐赠人而独立存在的实体。在现代意义上,我们也可以将其解释为财团组织。

联邦最高法院限制了政府滥用公权力对具有法人身份的教育机构进行干预。这一限制增强了教育机构的财产独立性,同时也促进了民众向教育机构捐赠财富以实现自身利益。这一制度创新将法人财产的永续权与信托制度相结合,为教育机构的发展提供了重要保障。正是在这种背景下,美国教育基金会以及教育机构捐赠基金得以蓬勃发展。

然而,独立法人制度的确立并不意味着让机构自由发展,而是政府不得采取过于直接简单的方式对教育机构的行为和内容进行调节。如果政府希望调节教育教学内容,就必须依靠马歇尔法院确立的"合同圣洁原则",通过契约方式与教育机构进行沟通和互动,并最终形成协议。因此,从宏观上来看,美国教育领域中的立法,无论是联邦、州,还是地方的教育政策更像是博弈与协商的结果。在各方利益充分沟通和平衡之后,通过法律法规的形式来表达"合同",这是一种主体之间的"意合"。正因为如此,教育政策和标准更容易得到执行,教育机构和政府也能够实现既定的目标。

从英属北美殖民地的历史发展来看,宗教信仰和宗教社区成了美国社会发展过程中的重要组成部分。在传统的宗教社区中,人们习惯于政教合一的生活状态。随着新兴政府的建立,一种新的社会公共观念开始流行起来。人们开始担心政府公共权力对于个人权利的侵害,因此将部分权利让渡组成了联合的政治实体。组织机构和个体一样,同样需要法律的保护。早在殖民地时期,律师、法官、检察官等共同的法律职业人在相同的教育环境和方式下，形成了相对独立且同质化的法律社区。他们构成了相对单纯的法律系统。虽然他们在殖民地区域，但是却“共享着相同的背景与普通法经验”。因此，形成了能够沟通的一套特殊的话语和思维体系。

美国的法律体系以英国普通法的原则和观念为基础，但是独立战争的胜利导致大量英国立法与判例的合法性受到了质疑，被从先例中移除。因此，法律体系在这样的一场“风暴”中面临着根本性的变革。一些人甚至认为美国的法律传统需要得到彻底的革新，才能形成自身的独立国家意识[①]。教育机构的法人身份在美国法转型过程中得到了确立，并一直影响着美国教育机构的发展，成为保障教育机构独立发展的法律基石之一。同时公立大学也作为政府的代理人，提供了无序市场不能充分提供的两项重要公共产品：教育和基础研究[②]。

① LAWRENCE M.FIREDMAN. A History of American Law[M].New York：Simon& Schuster，2005.

② （美）达雷尔·R. 刘易斯，詹姆斯·赫恩. 美国公立研究型大学：为新时代公共利益服务[M]. 杨克瑞，王晨，译. 石家庄：河北大学出版社，2007.

第四章　种族受教育权变迁

第一节　受压迫的黑人与沉睡的法院

自美国内战爆发以来，种族问题成为全美社会持续关注的焦点。学者们一般认为，制度性的种族歧视政策在某种意义上可以解释为美国内战爆发的重要原因。特别是1857年美国联邦最高法院作出饱受争议的桑福特案判决，也成为美国社会冲突的重要事件和典型案例。种族问题在美国的历史发展中不断变化。虽然在20世纪50~70年代，美国的种族隔离政策在法律上被终结，但是直到今天，美国社会仍存在复杂的种族歧视现象，种族问题作为美国社会与生俱来的社会现实，影响着美国社会生活的各个方面。

自特朗普政府上台以来，美国的种族问题变得更加严重。特朗普是近年来美国极右翼势力"茶党"运动的主要支持者之一。在竞选期间，他得到了"茶党"大力支持。这实际上也导致了弗洛伊德事件（白人警察执法导致黑人弗洛伊德窒息死亡）在全美迅速发酵，引发上百个城市爆发示威游行，甚至出现了大规模骚乱。这也引发了美国民众对美国种族问题现状的新一轮思考。不同的种族政策和态度，也成了美国党派之间政治交锋的重点领域，构成了美国政治生活的常态。从历史发展来看，美国的种族问题主要起源于奴隶贸易的历史，以及移民国家所特有的多元文化传统，是美国社会的典型特征之一。长期以来，移民社会中不同文化间的差异和社会经济地位的不平等现实，成为种族问题和种族冲突的根本原因。

在工业革命后，随着社会整体生产力的进步和国家对劳动力的需求不断增长，就业市场开始活跃，美国社会经济模式与现有人口结构的适应性开始成为反复博弈的冲突焦点。奴隶贸易和移民国家的双重线索，在美国特殊的环境中形成了传统与现实的交融。这两个线索在历史发展上具有延续性,但在时空上却存在着重叠的特征。在这样的综合背景下,如何有效地根据判例法的传统和规则,对不同种族之间所涉及的价值进行客观判断和权衡,成为考验最高法院法官们的持续难题。

一、早期黑人的财产属性

南北战争前,美国南部各州盛行奴隶制,各州的《黑人法典》不但限制黑奴的人身自由,更是剥夺了黑奴作为"人"的各种权利,包括受教育的权利。一些州的法律规定,教授黑奴,自由黑人和黑白混血儿读写属违法行为[①]。

用现代人权与法治的观念来分析联邦最高法院的斯科特案,可能有些棘手,甚至可以将其视为宪法制定者的失败,但这却是美国早期社会发展过程中种族问题的真实写照,反映了美国社会整体的主流价值判断。对于黑人地位的这一重大问题,美国宪法并没有作出明确的规定,这也导致了南部各州奴隶制的继续存在[②]。

斯科特案案情并不复杂。案件的主角德雷德·斯科特(Dred Scott)是一名黑人奴隶。他在1833年被主人卖给了蓄奴州密苏里州的军医艾默森(John Emerson)。在1834年至1838年期间,斯科特跟随艾默森先后在自由州伊利诺伊州和威斯康星自由联邦领地的军营里居住过4年。随后在1838年,斯科特跟随艾默森回到密苏里州。1843年艾默森去世后,斯科特成了艾默森夫人的财产。

1846年,在白人废奴团体的帮助下,斯科特以及他的妻子哈丽特(Harriet)向密苏里州地方法院提出申诉,要求获得自由身份。斯科特的律师认为,由于伊利诺伊州和威斯康星自由领地均禁止奴隶制,斯科特本人曾在这两个地方居住过四年时间,因此其身份应当是自由人。而根据各州相互尊重州法律的原则以及密苏里州"一旦自由,永远自由"的州法律,斯科特应当已经获得了各州都认可的自由人

① 屈书杰. 从种族隔离到学校一体化:20世纪美国黑人教育[D]. 石家庄:河北大学,2002.

② 齐树洁. 美国司法制度[M]. 厦门:厦门大学出版社,2006.

身份。即使后来重新回到承认奴隶制的密苏里州，其自由人身份也不应被剥夺。

由于案件最初也只是关于两个私人主体之间的事情，法院之前也有过类似的判决，因此律师们最初认为胜算比较大。但是，没想到这个案件拖延了很久，最终在地方法院斯科特输掉了官司。经过漫长而艰辛的努力，斯科特案于 1856 年 2 月上诉到最高法院。在此期间，艾默森夫人再嫁，斯科特被转让给艾默森夫人的弟弟桑福德（John F.A. Sanford），所以此案在最高法院被称为“斯科特诉桑福德案”，也成为美国联邦最高法院中最臭名昭著的案件之一。

随着案件逐步走向联邦最高法院，案件的政治和社会影响也越来越大。其核心问题是黑人在联邦宪法中的身份问题，或者说争议焦点是斯科特是否可以被视为美国宪法保护的公民。由于公民身份是宪法权利产生的基础，也是宪法保护的前提条件。一旦最高法院司法判决承认斯科特是美国宪法条款中合法的公民，那么黑人长期以来的身份问题可能就会被完全解决，美国的社会结构也会因此发生变化。

针对复杂的法律关系，联邦最高法院归结了几个核心问题，其中包括斯科特从蓄奴州随主人迁移来到自由州或自由联邦领地短暂居住的事实，能否使他自动获得人身自由。这一讨论之所以成为问题，正是由于国会颁布的《密苏里妥协法案》禁止新设立蓄奴州。由于《密苏里妥协法案》存在，才导致需要重新判断斯科特在经历复杂的迁徙之后其身份是否改变。基于这样的理由，联邦最高法院开始质疑国会是否拥有禁止奴隶制的合法权力，并依据马伯里诉麦迪逊案中确立的宪法原则对国会的《密苏里妥协法案》启动了实质性的司法审查。

由于案件涉及的价值冲突较为复杂，经过一年多的审理，最终在 1857 年 3 月，联邦最高法院以 7 比 2 的投票结果驳回了斯科特的上诉。主审此案的是首席大法官坦尼（Roger B. Taney），他也是判决的主要作者，从分析制宪者的“原始意图”（Original Intent）入手，对最高法院多数派的立场进行了详尽的解释和辩护。在判决中，每一位法官也都明确表达了自己的法律意见。

在当时的美国,奴隶制的存废已成为社会关注的焦点。坦尼是坚定的奴隶制支持者,他在本案判决的多数意见中表达了对黑人身份的态度。他认为,在宪法的原始含义中,黑人“没有白人应该尊重的权利;基于黑人自身的利益可以被公正且合法地沦为(be reduced to)奴隶。只要能获取利润,他就能被当作商业和贸易的普通标的来买卖。”这也就意味着,“黑人无论在社会关系方面还是在政治关系方面都不宜与白人平等;他们比白人低等,因此他们不能享受白人所享受的权利”。

大法官坦尼坚持严格的宪法解释和推理。他认为,在立宪建国之前,只存在各州公民,没有所谓的美国公民概念。只有在联邦宪法正式生效之后,联邦各州的州公民才能自动成为美国公民。然而,由于黑人在蓄奴州是奴隶主的私人财产,因此在宪法生效时,他们不具备州公民资格,也就不具备自动成为美国公民的前提条件。此外,联邦成立后,将居民归化为州公民属于各州政府权力范畴,将居民归化为美国公民则属于联邦政府的管辖权范畴。因此,州公民已无法自动成为美国公民。这也就意味着,错过了联邦成立初期,公民身份转换的窗口已经关闭了。坦尼从政府权力迁移的角度论证了公民身份取得的法律依据。他认为,黑人并非不能转换为公民,公民身份需要遵循合法的法律依据和程序。但是,美国独立战争之后,南方各州黑人转换为公民的法律通道已经关闭。因此,仅仅依据宪法文本并不能推论出黑人具有美国公民身份,需要依靠合法的法律依据和程序来取得公民身份。

在立法原意的解释方面,虽然在建国初期签署的《独立宣言》中表明“所有人生而平等”(all men are created equal),但坦尼认为,“这是毫无争议的,被奴役的非洲裔不应被包括在(人的范围之)内,也不构成制定和采纳这一宣言的人民(people)的一部分……”。坦尼法院利用宪法制定时的“原始意图”及所确立的原则,结合当时的社会背景,推论并否认了黑人的美国公民身份。这也就意味着,由于黑人不具有宪法赋予的公民身份,因此不具备公民权中的诉讼主体资格,进而排除了黑人在司法系统中诉诸和被诉的基础性宪法权利。

建立一个自由的共和政体的同时，他们试图保留罪恶的奴隶制度[①]。

二、"隔离但平等"的确立与延续

斯科特案之后不久，美国社会发生了巨大的变革。随着美国内战以及一系列废奴法案的通过，以及宪法第十三修正案的颁布废除了奴隶制，美国社会在事实上赋予了黑人公民权，斯科特案的先例判决有关黑人身份的作用也就自然失效了。但是，长期以来形成的社会对少数族裔的歧视观念难以轻易改变，社会制度和现实并未发生太大变化，人们仍然按照从殖民地时期开始就形成的历史观念生活。特别是 20 世纪末期，美国联邦最高法院在普莱西诉弗格森案中明确限制了黑人在美国社会生活领域中的权利边界，阻碍了黑人在美国社会获得平等对待的努力。该判例也成为种族歧视案件中的重要先例，对美国少数族裔的受教育格局产生了长期的影响。

在 1890 年，路易斯安那州通过了《隔离车厢法》(Separate Car Act)，要求在火车上为白人和黑人分别设置车厢，禁止有色人种使用专门为白人保留的车厢。荷马·普莱西(Homer A. Plessy)是一名混血儿，拥有"八分之七白人与八分之一非洲血统"，他故意坐进为白人保留的车厢里。根据路易斯安那州的法律，他被认定为有色人种，因此被逐出并被监禁，法院以违反上述法案为由判处他罚款 300 美元。

普莱西对路易斯安那州实施的隔离法案提出了合宪性质疑，认为该州通过的隔离法案侵犯了有色人种应当享有的平等权利。然而，在联邦最高法院审理此案时，布朗大法官(J. Brown)代表大多数法官发表了判决意见，认为路易斯安那州的立法并不与宪法第十三修正案和第十四修正案相矛盾。他利用此案深入阐述了宪法中"平等"概念的理解，实际上行使了解释宪法的权力。他认为，第十四修正案设定了"平等原则"的目的是实现不同种族在法律面前的绝对平等，核心目的是保证有色人种能够和白人一样享有权利。根据宪法平等保护原则，当各州否认或企图剥夺少数族裔的权利时，宪法赋予少数族裔在联邦政府或法院救济的权利，这也

① 任东来，胡晓进，江振春，等. 民众为何支持：美国最高法院的历史轨迹[M]. 北京：中国法制出版社，2019.

改变了斯科特案中黑人不具有诉权的看法。联邦最高法院认为,给予这些少数族裔诉权,已经实现了法律意义上的平等。

然而,联邦法院仍然坚持原旨主义宪法解释方法,认为法院不能以宪法条款本身或相关文本无法解释的含义作为判决的依据。尽管最高法院对待黑人的态度有所缓和,但仍然坚持在斯科特案中与坦尼大法官相一致的严格方式解释宪法。法院认为,宪法的解释应该忠实于宪法本身,并从文本的字面意思来理解。如果字面意思无法理解,则需要遵循制定宪法时的"原始意图",以保持宪法表述的一致性。在这里,法院的目的确实是考虑如何在宪法框架内确认黑人在宪法中的法律地位,并确保黑人和白人在法律面前平等。但是,法律的发展并不一定与社会的发展同步。社会现实的发展要比法律制度的塑造和沉淀快得多。因此,严格遵循原始意图来解释宪法具有相当的滞后性,这可能会导致较大的社会危机。

南北战争结束后,非裔美国人获得了宪法上的公民身份,但是,由于历史原因,美国黑人的经济地位一直较为落后,这导致了不同种族聚集的现象。当时的美国最高法院曾以种族隔离学校为例,认为建立种族隔离学校以分别为白人和有色人种的儿童服务是正确的立法权力行使①。同时,早在1878年最高法院的霍尔案(Hall v. DeCuir)案中,也认为尽管州和联邦的法律都要求平等,但是平等并不意味着同等,隔离更加符合传统的黑白分离的习惯②。可以说,这一时期的联邦最高法院运用宪法解释,从"平等"的形式内涵出发,为各地出现的种族隔离现象进行了宪法层面的法律背书。

最终,普莱西以7:1的比例败诉。最高法院判决路易斯安那州的立法并未违反联邦宪法的规定。在判决中,哈伦大法官发表了不同的看法。他认为种族隔离政策的实施以及因此受到的惩罚在事实上剥夺了公民的自由权。同时,路易斯安那州的隔离方案虽然明确规定黑人不能坐到专门为白人保留的车厢,但并未规定

① 李晓兵. 从"普莱西案"到"布朗":论美国联邦最高法院与受教育权平等保护的实现[J]. 国家教行政学院学报,2004(6):88-93.

② 任东来. 在宪政舞台上:美国最高法院的历史轨迹[M],北京:中国法制出版社,2006.

白人不能坐到专门为黑人保留的车厢,因此这个法案中的平等是片面的。哈伦大法官表示:“本案的判决将与斯科特案一样有害。”

总体而言,由于当时盛行的种族冲突社会氛围和种族隔离的社会现实,大多数法官选择支持路易斯安那州的立法,认可了这一隔离法案的合宪性,并在相当长的一段时间内维持了“种族隔离”的合法性。这个案例是运用宪法严格解释学来诠释和肯定社会主流价值的一种客观手段。最高法院通过充分解读第十四修正案的文本含义,将在各州现实推行的“种族隔离”政策合法化、合宪化。它采用了一种看似表面中立的方式,但实际上肯定了长期在美国社会盛行的隔离行为,将隔离的社会价值观念用最高法院判例的形式确定下来,也是一种法官造法的重要实践。在这种情况下,教育领域中大量存在的白人和有色人种相隔离的学校以及教育设施的隔离被认为是社会普遍认可的合法状态,为后续种族之间的矛盾冲突埋下了制度性的根源。

在 20 世纪初,虽然美国宪法第十三修正案等法律保护了黑人免受奴隶制度的压迫,但是由于宪法和《独立宣言》并没有授予他们美国公民的身份,他们也就无法直接获得完整的公民权。这意味着坦尼在斯科特案中所采用和确立的宪法解释原则和方法依然有效,仍然支持着最高法院法官们对主流社会价值的维护。黑人的公民身份没有得到宪法和法官们的全面支持,从侧面说明宪法和其他基本法律在社会发展过程中虽然坚持中立原则,但仍会被动地适应社会广泛接受的价值观念,受到社会思潮的影响。

普莱西案之后,有色人种和白人之间的隔离政策继续成为一种被广泛采纳的社会现实规则。1896 年,“隔离但平等”的原则被最高法院确认后, 1899 年最高法院在康明诉里士满市教育委员会案中再次确认,平等受教育权并不是宪法规定的权利。法院认可里士满县的税收只支持白人高中的政策是合法的,明确市政府拥有如何分配和使用资金的权利。只有在地方政府无视宪法所保障的权利的情况下,联邦政府的干预才是正当的。康明案将联邦的干预排除在外,也将隔离但平等的原则从公共交通领域扩展到了其他公共设施和教育服务设施。另外，1927 年，在鲁恭诉赖斯案中，最高法院再次重申了种族隔离政策的合法性，并进一步将隔离但平等的原则扩展到了除白人外的有色人种，反映了社会现实在教育领域的复杂性。

自从最高法院确认了“隔离但平等”的原则以来，虽然法院从不同的角度对这一原则进行了强化，但少数族裔的抗争从未停止。1948 年的西普尔诉俄克拉荷马大学董事会案再次尝试挑战这一问题，并取得了有益的成功。

西普尔（Ada Lois Sipuel）是一位牧师的女儿。自幼好学、成绩优秀的她立志成为一名律师。然而，当她尝试进入当时俄克拉荷马州唯一能够提供法学研究生教育的公立大学时，她的入学申请遭到了拒绝。唯一的理由是她是非洲裔美国人，根据州法规定，她属于黑人血统，而俄克拉荷马大学只为白人提供服务。西普尔的律师认为，学校“建立并且维护着一项政策、习俗，这项带有种族歧视的政策、习俗剥夺了具有入学资格的黑人申请人在法律上拥有接受平等教育的合法权利，他们采用的方式就是仅以黑人肤色和种族为由拒绝他们进入俄克拉荷马大学法学院接受法学教育。”

西普尔向地方法院提交了申请，但败诉后，她向联邦最高法院提交了调卷申请，并获得了批准。1948 年 1 月 12 日，在辩论的第四天，最高法院做出了判决。法院援引盖恩斯案的先例判决，认为俄克拉荷马州的相关教育机构已经为白人提供了相应的法学教育机会，因此西普尔有资格获得该州提供的法学教育权利。根据联邦宪法的平等权利保护条款，俄克拉荷马州必须为西普尔提供平等的教育机会，州政府必须立即为其他任何组织的申请人提供平等的教育机会。

普莱西案将“隔离但平等原则”确立为不可违反的宪法原则，符合了当时的社会主流价值观。根据这一原则，各州可以依据宪法授权，根据自身不同的种族人口结构自由调节不同种族的教育条件，并决定是否设立分类的教育标准和学校设施。然而，由于有色人种一直处于劣势的社会经济地位，无法获得实质上的均等支持，因此少数族裔群体实质上的平等根本无法实现。例如,由于黑人长期以来处于较低的社会经济地位,许多黑人儿童仍然需要在农忙的时候回家帮忙,有些人一年中只能在学校待上 6 个月。在布朗案发生的时期,南卡罗来纳州的克拉伦登镇(Clarendon)每位黑人儿童的教育成本为 43 美元,而白人儿童的标准则是 179 美元。总体而言,白人与其他种族之间的经济地位差距越来越明显,社会冲突也持续加剧,直到今天,基于种族的社会经济差距仍然存在于美国。

第二节 最高法院的觉醒与努力

美国二元联邦制的解体意味着保守派在罗斯福主义面前全面失败。1936 年,罗斯福再次当选总统后,开始对最高法院进行重组。他提议将最高法院法官人数从 9 人增加到 15 人,旨在任命支持"新政"的进步人士,以此压倒现有多数的保守派最高法院法官。虽然国会没有接受这一建议,但在 1937 年至 1941 年期间,罗斯福任命了 7 名最高法院法官,从而完全改变了最高法院的内部结构和核心价值观。罗斯福时期的沃伦法院成为学界研究的一个重要领域,而其第一个重要判决是 1954 年的布朗诉地方教育委员会案。该判决基于宪法第 14 修正案,否决了在学校内实行种族隔离的地方法律。

1954 年到 1969 年间的沃伦法院是司法活动主义的代表,布朗案是该法院的典型案例之一。同样作为司法活动主义的代表,伯格法院在涉及学校种族隔离的案件中始终遵循"布朗诉托皮卡教育委员会案"的先例。伯格法院甚至授予地区法院广泛的救济权力,以确保消除种族隔离,包括通过批准校车实现"黑白同乘"的方式进行救济的权力。

司法活动主义的目的是解决社会发展中的新问题。随着社会生活的日益复杂,成文的宪法条文并不能涵盖许多新问题和矛盾。法院也由于其被动性不能通过行政手段提前预防社会矛盾。面对新的社会问题,法官们不得不在墨守成规和开拓创新之间做出决策。在某些情况下,他们甚至需要推翻先例判决。这就是司法活动主义的核心思想。可以说，司法活动主义的出现已经超越了宪法解释学派的保守与激进，而是采用更实用的方式实施司法活动，这与美国功利主义的社会价值相符。通过司法活动主义，司法逐渐制度性地介入政治生活。毫无疑问，将最高法院的价值原则尽快覆盖社会生活最广泛的教育领域是影响人们日常生活最快捷的途径之一。

因此，不仅法院充分利用了司法能动主义，诉讼的参与者也利用这样的社会思潮来争取影响社会的主流价值观。在少数族裔争取权利的过程中，很多关于教育的诉讼案件都是经过精心策划的。最高法院受理的少数族裔争取权利的案件中，很多案件都是由全国有色人种促进会（National Association for the Advancement of Colored People，简称 NAACP）背后推动的。在美国当前的政治论战中，权利之声占了主导地位[①]。根据德沃金的分析，权利是需要自身去争取的。只有当每个人都珍视并维护自己的权利，同时社会制度也支持人们在维护自身权利时朝着良性的方向发展，社会制度才能持续向着良性方面发展。

在宪法研究的历史上，布朗案是一组案件的总称，包括了堪萨斯州的布朗诉托皮卡教育委员会案，以及南卡罗来纳州、弗吉尼亚州、特拉华州和华盛顿特区的类似案件。最高法院将这些案件合并审理，并统称为“布朗案”。在其中最具代表性的堪萨斯州的布朗诉托皮卡教育委员会案中，奥利弗·布朗是一位居住于美国中部堪萨斯州托皮卡镇的黑人牧师。当时，他的女儿琳达·布朗 8 岁，申请进入一所白人公立学校上学。然而，校方以琳达是黑人为由拒绝了她的入学，并认为她应该去专门为黑人开设的学校。但是，布朗家距离托皮卡镇最近的黑人学校有 20 个街区，且师资和教育设施方面也远远落后于其他的白人学校。于是，在全国有色人种促进委员会的帮助下，奥利弗·布朗向法院提出了诉讼。最高法院最终判决了这些案件，认为根据《平等保护条款》和《尤因诉弗格森案》的判决，根据种族隔离的教育政策违反了宪法。这个判决被认为是美国民权运动中的里程碑，奠定了种族平

① （美）罗纳德·德沃金. 认真对待权利[M]. 信春鹰，吴玉章，译. 上海：三联书店，2008.

等的基础。

随着民权运动在美国兴起，有色人种开始有组织、有意创造各种机会向最高法院提起诉讼，主要的理由就是公立学校的种族隔离是否侵害了黑人在宪法第十四修正案项下的平等保护权。最终，联邦最高法院的法官通过谨慎的讨论，全体一致认同种族隔离的法律违反宪法。这也成为美国社会公平运动中的一次重大胜利，是美国最高法院的一项创举。联邦最高法院首席大法官沃伦代表法院发布了司法意见，认为在公共教育领域，"隔离但平等"原则在普莱西案中被确定，但在布朗案 I(Brown case I)中不适用。分隔的教育设施根本无法提供平等的权利。

其后，在布朗案 II(Brown case II)中进一步明确了布朗案 I 中的基本原则。经过将近一年的辩论，1955 年 5 月 31 日，沃伦法院仍然以 9：0 的比例作出了针对布朗案 II 的判决，坚持废除隔离但平等的原则，并将布朗诉托皮卡案的执行权交给了下级联邦法院。沃伦法院试图通过法院的行为积极地推动和加速社会变革。但是由于法院自身的权限限制，无法主动干预行政权力的执行，也无法规定变革的期限，只能要求以"深思熟虑"的速度推动建立公立学校废除种族隔离的制度。

1958 年，美国联邦最高法院在库珀诉亚伦案中明确强调，尽管废除公立学校的种族隔离困难重重，但绝不能因为暴力和骚乱而牺牲和放弃黑人的宪法权利。该法院认为，"法律和秩序不会因为黑人宪法权利的剥夺而得以维持"。沃伦大法官认为，这一困难的主要原因是州政府的不作为。因此，他在判决中再次融合了司法能动的观念，并认为不论是州的立法者还是行政或司法官员，对抗宪法都必然违反其宪法义务。政府的不作为是种族隔离面临巨大社会危机的重要原因，因此州政府必须通过自己的行动来解决这种僵局。沃伦法院的判决积极地影响了政府的积极作为，推动了行政机关的政策制定。

早在 1938 年的盖恩斯诉加拿大案中，美国最高法院裁定，为白人学生提供教育的州也必须为本州内的黑人学生提供教育。各州可以通过允许黑人和白人就读同一所学校或为黑人开办第二所学校来满足这一要求。这是最高法院第一次就高等教育的种族隔离问题作出判决，客观上认可并缓解了平等法律观念与不平等社会现实之间的深刻矛盾。

案件中的盖恩斯是密苏里州的一名黑人，他申请进入密苏里州大学法学院学习，但被拒绝。通过判决，联邦最高法院首席大法官休斯命令密苏里州大学接受盖恩斯入学。最高法院对盖恩斯入学权的承认说明第十四条宪法修正案中的“平等法律保护”条款可以用来打破南部的隔离教育。这也成为全国有色人种促进会取得的重要胜利，为后续的 1948 年西普尔案、1954 年布朗案以及民权运动中的其他重要判决提供了原则性的支撑。

虽然法律很少涉及家庭领域，但家庭是儿童教育最重要的责任主体和场所。由于教育是家庭内最重要的行为之一，它反映了家庭的核心价值观。而且，教育行为本身具有个体性和社会性的双重属性，因此家庭和教育的结合成为各级政府以及联邦最高法院法官们关注的问题。联邦最高法院关于家庭裁决的基本原则也显著影响着教育的发展。

通过将家长对于教育形式和知识内容等的教育选择权作为纽带，最高法院开始将家庭关于教育的纷争纳入法律考量的范围，这不仅进一步丰富了最高法院所涉及的教育案件，也是最高法院介入家庭的重要方式。自 1954 年布朗诉教育委员会案以来，美国社会开启了积极谨慎的多元文化融合运动。美国联邦最高法院也顺应潮流，判决支持了禁止跨种族婚姻的立法，并进一步通过宪法判例影响了家庭结构。直到 1965 年，最高法院通过格里斯沃尔德诉康奈迪克案，首次承认了隐私权，将婚姻作为隐私权的一部分来保护。这不仅把隐私权作为宪法保障的基本权利，也将宪法引入到家庭立法的核心价值判断中。随着家庭观念在最高法院的定义中发生变化，与之相关的教育问题也同样发生了相应的变化。由于教育是家庭的重要事务之一，教育与家庭的关系也将进一步密切。毫无疑问，随着家庭结构的变化，父母教育选择权的具体内涵也必然发生变化，并进一步由最高法院予以确认。

洛文案[①]从婚姻关系建立的角度对种族隔离政策进行了审视，该案中，联邦最高法院的法官们形成了与布朗案相同的一致判决，指出："虽然各州毫无疑问有权确认婚姻关系应服从于公共利益，但基于第十四修正案，各州对婚姻的规制并不是不受任何限制的。"因此，法官们认为州政府在推动社会平等化的过程中应当积极行动，这一原则也适用于其他社会生活领域，包括教育领域。法院的积极作为使宪法能够更好地保护市民生活中出现的各种新特殊状况。

由于这个案件牵涉到歧视核心问题，政府必须承担举证责任。在实践中，将"种族"作为分类的基本依据，需要采用严格的审查标准。正是这个案件，在推翻"隔离但平等"原则 13 年之后，进一步审视了跨种族婚姻中的平等问题，丰富了宪法平等原则的内涵。在法律上，推翻了实现种族平等的最后障碍。在基于种族分类的政府行为必须适用严格审查的原则下，最高法院的法官在审理教育案件时坚持采用这一基本手段。一旦牵涉到教育领域中的种族分类，相应的审查标准也会变得非常严格。这种方式还可以防止教育领域中种族歧视政策的大规模出现。之后，最高法院在审理教育类案件的过程中，审查标准和态度变得越来越谨慎。

除了沃伦法院这个例外，最高法院"基本上是克制的，或至少是温和且偶然能动的"。因此，司法的能动主义虽然影响很大但适用的范围并不大。"司法克制的重要性与必要性已达成共识。这种共识在美国最高法院的九名大法官的心中占有了无所不在、无所不能的地位。不管这些法官曾做出过什么判决，不管他们在某个具体问题上的观点是否可预测，他们始终牢记着自己在他们尽心服务的民主政体中的角色及责任"在最高法院参与公共政策制定的问题上，加里·沃塞曼认为，"最高法院应是立法与行政部门在制定政府政策时的主动创造性的伙伴。司法主动论

① Loving v. Virginia, 388 U.S. 1 (1967). 原告被指控犯有跨种族婚姻罪。两名原告在另一个州办理结婚证，然后回到了家乡弗吉尼亚州。后来，警方将他们的结婚证明作为他们违反了本州禁止跨种族婚姻法律的证据。他们都在监狱里呆了一年，出狱后搬到了华盛顿特区。在审判中，弗吉尼亚州警方争辩说，这项法律没有违反平等保护条款，因为它对非裔美国人和白人都适用相同的惩罚。法律本身只适用于白人和任何其他种族的人之间的婚姻。因此，根据弗吉尼亚州的法律，任何少数民族都可以与另一个独立阶级的少数民族结婚。

者谋求使用最高法院的权力来解决政府其他部门忽视的经济和政治问题。这种观点认为最高法院不仅是美国政治竞赛中的裁判员，它应该也是竞赛的积极参与者”[①]。詹姆斯·M·伯恩斯甚至解释道，“既然国会、白宫及州议会无力应付许多迫在眉睫的问题，而一些人又得不到司法公正和他们的宪法权利，那么就该由最高法院来这么做，他们主张最高法院应当成为引导美国人民表达价值观的全国重大讨论会中的领袖”[②]。

可以说，司法能动主义和克制主义的思想一直处在动态的博弈之中，最高法院的法官在不同的价值选择中也逐渐地形成了如何选择或者受理案件的标准，并将自身的好恶和对社会走向的理解融入其中。联邦最高法院很清楚，一个问题一经他们作出判决，那将是终局的，且他们不可能 5 年之后再回来改变判决。因此导致的结果是，他们必须在作出最终判决前，让该问题获得更多的渗滤[③]。可以说，凡是能够进入联邦最高法院的视野中都是影响社会生活某一领域的重大案件或者是需要进行最终抉择的事件。布朗案推翻了先例中的“隔离但平等”原则，从而“能动地”是赋予了黑人的美国公民身份，将他们纳入宪法平等保护的范围之内。沃伦法院的司法能动主义最终没有走向极端，反而“设法超越了在对待司法审查和民主、自由和平等关系上传统的两难境地”[④] 可以说，这些案件重新为联邦最高法院挽回了声誉，也逐渐重新确立了联邦最高法院在美国社会发展中的重要地位。

同时，法律法规也为追求社会观念上的平等做出了努力，为法院主动介入种族平等的事件提供了必要的制度支持。1964 年民权法案的内容比肯尼迪提出的议案内容更广泛，其中许多条款都与解决教育歧视有关：

（1）授予司法部提起民权诉讼的权力使得民权部门在制定民权法律日程方面拥有巨大的影响力，并且大大增加了提起民权诉讼案件的资源。

---

① （美）加里·沃塞曼. 美国政治基础[M]. 陆震伦，译. 北京：中国社会科学出版社，1994.

② （美）詹姆斯·M. 伯恩斯. 民治政府[M]. 陆震伦，译. 北京：中国社会科学出版社，1996.

③ （美）H.W. 佩里. 择案而审：美国最高法院案件受理议程表的形成[M]. 傅郁林，译. 北京：中国政法大学出版社，2010.

④ （美）莫顿·J. 霍维茨. 沃伦法院对正义的追求[M]. 信春鹰，张志铭，译. 北京：中国政法大学出版社，2003.

（2）通过行政措施停止了联邦对实行种族歧视学区的资助（Title VI）。这一规定将分发联邦资助的行政机构从消极的旁观者转变成取消种族歧视的积极实施者从而使它们与州和地方当事人的关系紧张。

（3）授权民权委员会研究和监督职能包括向国会提供关于取消学校种族歧视的研究和报告将民权委员会延长四年并扩大民权委员会的职能（Title IV and V）。

（4）提供技术援助和教师训练以帮助学校实现取消种族隔离（Title IV）。

（5）建立公共关系服务机构帮助社区调解和处理种族关系（Title X）[①]。

这一类法律法规利用宪法条款来促进种族融合并提供教育平等，为此提供了大量的解释和适用规则。联邦最高法院审理的1968年的格林案和1971年的斯旺案都涉及了教育领域的宪法解释，认为宪法中的平等条款包括了强制性的入学平等。格林案要求董事会主动追求尽快达到种族融合的状态，而斯旺案则赋予地方审查董事会种族融合方案的权力。联邦最高法院通过这两个案件将其认为适当的解决方案融入判决中，并通过判决的方式对行政进行直接“干预”，体现了最高法院的“主动作为”的不同选择。

司法审查成熟的标志是能动与克制互相平衡、民主与法治协调一致[②]。美国最高法院充分发掘了司法审查的功用，并规范了其行使的原则，并将其运用在社会重大价值判断之上，以至于法院在社会生活领域不同的利益联盟中扮演积极的角色，其权威性也在不断增强。纵观美国联邦最高法院的发展历史，法院与民权运动的联手就是平等保护理论和反歧视理论发展史上的一个例子。进步法官和基层运动群众之间的潜在同盟似乎有助于形成并推动权利冲突与成就在更长时间上得以延续[③]。在美国的教育领域中，联邦最高法院运用司法审查作为工具，积极地利用宪法判例来指导教育领域从顶层设计到细节方面的改革，与行政权力保持着持续的

① 郝艳萍.1964年民权法案对美国教育的影响[J].内蒙古师范大学学报：教育科学版，2009，22（04）：14-18.

② 程汉大.司法克制、能动与民主：美国司法审查理论与实践透析[J].清华法学，2010（6）：7-19.

③ （美）昂格尔.法律分析应当为何[M].李诚予，译.北京：中国政法大学出版社，2007.

互动博弈，并维持着微妙的平衡。

通过法律发展来维持道德社会是一个有机的过程。社会、政治和经济条件总是变化的，因此，法律必须随之变化[①]。随着社会的发展，宪法的严格解释方法论已经失去了适用性，现代社会变革在各方面对宪法原文和原意提出了挑战。通过大量的判例实践与积累，美国最高法院所拥有的司法审查制度已经得到完善，成为法官制定法律的重要工具。同时，它也成为联邦最高法院的法官们从顶层设计方面解释和阐释教育基本权利的重要手段，持续而具有影响力地引导着教育改革以及教育法治的方向。

① （美）罗纳德·德沃金. 认真对待权利[M]. 信春鹰，吴玉章，译. 上海：三联书店，2008.

在这样的情况下,学校并不是这些拨款的直接受益者。学校没有从政府那里得到任何东西,也没有因为政府购买教科书并将其分发给学生而免除任何私人团体所应当承担的义务。联邦最高法院在本案中最为重要的成就之一就是将政府用于支持教育的财政行为在个体与学校之间进行了初步的划分,确认了学校的学生和州是这个法案拨款的受益者,而非学校。这一标准也成为衡量和解释政府公共财政支持非公立教育的重要标准和原则。在后续的 1968 年格林布什等镇中心第一学区教育委员会诉艾伦案中,联邦最高法院也认为政府出借教科书的行为并不违反宪法的规定,教科书可以无偿由私立学校以及宗教学校的学生使用,没有违反立教条款的宪法原则,保持了宗教的中立性。

联邦最高法院在这类案件中采用的是儿童福利原则和儿童权利优先原则。法律承担着社会公共管理的法定职能,因此,针对基础教育阶段的教育法律,理应能够保障所有儿童都能够获得一般福利。通过立法的方式分配教育资源来推广教科书,就是教育法治化面向公众最普遍福利的典型场景。特别是在政府公共行政的技术方面考虑,教科书的所有权仍然归州政府所有。因此,对于使用这些教科书的学生而言,并不需要支付费用,仅仅是无差别地享有了这一项使用教科书的福利。从法律关系上分析,这种政府福利并不是单独发放给学校,而是直接让家长或者是学生受益,最终产出的教育成果(受过良好教育的青年)对州政府有益。可以说,通过政府多方面的努力,提高教育的水平和质量,能够为州政府提供更多受过良好教育的公民,这对于全社会的福祉增加是有好处的,符合儿童福利原则和社会福利原则的出发点。

通过科克伦案的判例,联邦最高法院通过判例的形式将儿童福利理论(child benefit)的教育基本原则推广到了更广阔的社会领域。这一理论被司法领域广泛接受,并被运用到大量的教育法律判决中,进而对美国教育公共治理的良性发展产生了重要影响。凡是涉及儿童利益的判决中也都将应用这一理论进行裁判或者衡量。科克伦案的判例因此成为美国一些州采用的教育券制度的法律基础。通过运用儿童福利理论作为价值判断的标准，个人与政府的教育公共治理活动建立了直接关系，将教育的外部性与私人产品属性进行了结合。

虽然科克伦案解决了政府对学校一般化的财政支持是否合法的问题，但是通过诺伍德诉哈瑞森案，联邦最高法院提出了对政府无差别资助行为新的考察标准。简单的无差别并不是有效的政府治理方式。这也意味着，如果案件涉及黑人学生，就必然不仅仅是一个单纯的政府权力分配问题，需要引入一些更为严格的原则对政府行为的本质进行考察，来维护和促进种族平等的社会理念。实际上，这是对儿童福利理论进行的扩展，当某些不符合主流价值观的教育行为借用儿童福利的名义推行时，该行为需要受到严格的审查和限制。

诺伍德案的案情和科克伦案基本相同，都涉及政府向学生提供教科书。密西西比州的地方政府购买了一批教科书，并根据 1940 年州立法机关通过的法令免费提供给州内公立和私立学校的学生。本案上诉人是密西西比图尼卡县四名学生的家长，他们提起集体诉讼，认为州内某些私立学校以种族为理由拒绝一些学生入学，而政府却在同一时间向就读这类私立学校的学生提供教科书。这种做法实际上是向实行种族隔离的学校提供直接帮助。联邦最高法院的法官们认为密西西比州政府实施的教科书援助计划在实际上阻碍了废除种族隔离政策的进程，侵犯了上诉人的宪法权利，因此也违反了宪法。联邦最高法院在判决中认定，州政府“不应该向推行歧视种族的私立学校提供援助，因为这种做法与法治政府的理念相违背，其行为不应得到鼓励和提倡”。

联邦最高法院进而裁定，政府不得向在实行种族歧视的学校中就读的学生提供教科书。如果政府这样做了，那么这类私立学校的种族歧视行为将可能被认定是被具有公共性的政府行动所支持，因而违反宪法原则。就这一问题，联邦最高法院达成了意见一致的裁决，由首席大法官伯格执笔，斯图尔特、怀特、马歇尔、布莱克门、鲍威尔和伦奎斯特也参与了裁决的撰写。道格拉斯法官和布伦南法官表达了一致的法律意见。

在诺伍德案中,虽然州政府向儿童提供教科书的行为并不直接违反宪法的规定,但是联邦最高法院认为,根据平等保护条款,密西西比州政府也并没有直接的义务向私立学校和公立学校提供绝对平等的援助。同时,也认定州政府作为公共权力机关,确实有宪法义务避免向实施种族主义或其他歧视性措施的学校提供财政援助,以维护政府行为的合宪性。这也就意味着,联邦最高法院确认了政府与私人团体之间形成了一种实践性的契约,也就是说:政府发出邀约,而获得政府资助的私立学校对该邀约的限制条款进行了承诺,承诺其教育教学以及学校管理行为不得违反公平原则,否则将需要承担责任。

虽然诺伍德案和科克伦案都是针对向私立学校提供教科书的政府行为,但法官在对政府行为性质进行划分时如涉及种族问题,也会变得更加谨慎。这一原则在高等教育领域也有所体现, 1983 年鲍勃琼斯大学诉合众国案中,联邦最高法院的法官确认美国国家税务局有权力对存在种族歧视政策或现象的私立学校不予免税,从而限制私立学校实施该行为。其后,这样的谨慎审查的义务和原则也扩展到了性别歧视、就业歧视等诸多其他领域,成为司法审查的重要领域和基本标准。

第二节 提供校车的政府行为

为学生提供教科书只是政府公共支持的一种方式。美国政府通过不同形式的公共支持为各级各类教育提供者提供支持。在美国基础教育体系中,政府是资源的主要提供者,而私立学校和私人教育团体则是非常活跃的主体之一。政府对私立教育的支持引发了很多争议,一些复杂的争议甚至需要提交给联邦最高法院进行裁决。美国教育体系与制度是在“公立教育”与”私立教育”之间的不断博弈中建立和完善的,政府的支持和私立教育的个性化发展之间形成了一种动态的平衡。

在宗教领域,美国政府在支持公立与私立教育发展的过程中,如果涉及相关问题,会通过援引或解释第一修正案来明确政府教育资助行为的合宪性。一旦认定为合法的宗教行为,儿童福利理论将处于相对劣势,家长权和群体的宗教自由权将成为判决的主导。然而,当面临种族歧视等问题时,这种政府行为更多地被解释为违背宪法,说明在联邦最高法院的价值判断中,种族歧视对美国社会的健康发展产生了极大的负面影响。因此,在诺伍德案中,对政府教育财政资助行为的分析更加谨慎和严格。

1947 年,埃弗森诉教育委员会案中,联邦最高法院裁定新泽西学区的税收可以用于支付校车费用,即使教会学校也在接送范围内,这并非违反第一修正案宗教条款,从而认可了在公共服务领域中对私立学校与教会学校支持的基础原则。该案中,新泽西州的一项法律授权地方学校董事会承担学生往返学校的交通费用,这一法案同样适用于私立学校。然而,实际情况是该学区中 96%受益于该法案的私立学校是教区天主教学校。尤文镇的一名居民埃弗森(Arch R. Everson)因此提起诉讼,认为政府无差别提供校车的行为间接对宗教进行了援助,因而违反了新泽西州宪法和联邦宪法第一修正案的立教条款。

埃佛森认为,作为一名纳税人,他所缴纳的税款被用于支付选择就读教会学校的孩子的交通费,并不符合普遍的公共利益。既然选择是否进入教会学校学习是家长个人利益的体现,那政府的无差别支持做法实际上利用公共财政支持私人目的,违背了政府治理的基本原则。这对普通纳税人来说无异于剥夺了他们合法的财产权益,因此违反了正当程序条款。同时,这样的政府行为在客观上强迫纳税人支持天主教信仰的学校,通过公共权力和公共资源来支持宗教,因而违反了第一修正案的立教条款。

在州法院败诉后,埃弗森以联邦宪法为依据向联邦最高法院提起了上诉。联邦最高法院同样支持了这一政府的校车援助行为。联邦最高法院认为在这个案件中,"儿童福利理论"仍然具有很好的解释力。如果政府提供福利的对象是儿童,那么这样的做法是可以被接受的。这个案件的核心在于政府为私立学校的学生提供免费校车服务是否符合公共利益。

法官认为提供安全的校车服务符合了"儿童福利理论"的基本原则。案件坚持的最重要的衡量标准是判断儿童是否是该事件中最大的受益者。在联邦最高法院看来,新泽西校区的校车费用补贴方案对孩子们进入教会学校确实有帮助,但并没有记录显示交通费用影响了进入公立学校或天主教学校的学生学习机会。换言之,家长并不会因为是否得到交通费用的补贴而决定选择进入天主教学校接受教育,交通费用并不是家长选择的重要影响因素。联邦最高法院综合认为,为学生补贴交通费用是基于儿童最大利益的原则,保护他们免于日常通勤的交通危险。因此,联邦最高法院裁定政府补贴儿童公共交通费用的方式并非支持某种宗教,没有违反宪法的基本原则。

随着政教分离的原则深入人心,政府行为如果确实干预或阻碍了特定宗教活动,或者影响了人们选择接受教育机构的真实想法,导致支持或限制家长对宗教性学校的选择,这就属于运用制度性的手段支持或限制宗教。在这样的情况下,需要一个更具说服力的理论来支持政府对儿童受教育权利的无差别支持。联邦最高法院分析,政府的行为在支持学生享有的第十四修正案平等权利的同时可能对其第一修正案权利造成侵犯。当然,切断教会学校的这些公共服务是容易的,但"如此的分离,如此明确地与宗教职能区分开,将使学校的运作十分困难。但这显然不是第一修正案的目的。该修正案要求国家在与宗教信仰者和非信仰者群体的关系中保持中立,不要求国家成为他们的对手。国家权力既不能用来帮助宗教,也不能用来妨碍宗教。"

联邦最高法院在埃弗森案的判决中确定新泽西州的立法没有违反"宗教与政府分离之墙",但该案以 5:4 的比例通过,也确实说明在讨论的过程中存在争议。美国宪法修正案第一条的政教分离原则,经由第十四修正案扩展到各州,对私立教育的发展起到了重要的推动作用。

第三节 理解基础教育的公共性

进入 21 世纪,大约有 10%的儿童接受与教会相关的学校的大学前教育,美国宪法第一修正案的“立教条款”保护了他们的受教育权。因此,教育的公共性也与第一修正案密切相关,在教会代表的宗教学校和政府支持的公立学校之间经常因教育支持问题产生矛盾与纠纷。这些纠纷的解决逐渐使得美国的法律体系更加明晰,确定了教育“公共性”的宪法内涵。随着公共性内涵的法律化,政府对于支持宗教学校或与教会相关的教育机构的方式更加谨慎。

随着经济的发展,教育成本迅速增加,教会学校面临越来越大的预算限制。因此,各州提供了财政援助项目来保障教会学校的教育质量。雷蒙诉科尔兹曼案发生在宾夕法尼亚州和罗得岛州。这两个州通过立法使用公共税收的资金补偿州内教会学校的相关费用,包括教师工资、教科书和其他教学材料的费用。1968 年,宾夕法尼亚通过的《非公立小学和中学教育法案》(*Nonpublic Elementary and Secondary Education Act*)授权州政府的教育管理部门以提供教师薪水、教科书以及教学资源为条件,从私立初等和中等学校“购买世俗的教育服务”,得到补偿的学校需要遵循法定的会计准则,确定世俗教务服务的“单独”成本,并禁止对任何表达宗教教义或任何教派信仰的道德或形式的课程进行补偿。1969 年,罗德岛颁布了一项法律《罗德岛薪金补充法案》(*The Rhode Island Salary Supplement Act*),授权州政府可以向在私立学校中任教世俗学科的教师提供不超过其现有年薪 15%的薪金补贴,但私立学校教师的薪水不得超过公立学校最高薪金。法律规定只要教师接受了薪金,就不得教授宗教方面的课程,必须只能教授公立学校开设的课程,只使用公立学校使用的教材。联邦最高法院后来发现,罗得岛州约 25%的小学生就读于非公立学校,其中约 95%就读于罗马天主教学校,而且约 250 名罗马天主教学校的教师是该法案的唯一受益者。

1971 年,联邦最高法院判决上述两项法律违反了第一修正案的宪法原则。联邦最高法院提出了一项由三部分组成的测试(tripartite test)来审核政府与世俗社会之间的关系,也被称为“雷蒙测试”。雷蒙测试要求涉及宗教和政府关系判断的案件需要进行 3 个步骤的审核:(1)法律必须具有世俗的目的;(2)法律的主要效果既不促进也不损害宗教;(3)法律不得涉及政府与宗教的过分纠缠。

在长期的社会发展中,政府认识到受过良好教育的公民对政府治理工作的开展非常关键。公民参与国家管理的程度与其文化和教育水平密切相关。因此,为了增加整体的公共福利,政府需要对教育进行干预。在雷蒙案中,尽管法律的目的是提升州内整体公共教育质量,但州政府的行为也受到宪法条款的限制,包括政教分离的基本要求。然而,由于联邦政府无法直接干预州的教育立法,个体的受教育权与州的教育管理权存在冲突。因此,无论是州政府还是联邦政府都会采取财政资金支持的方式,对私立教育(包括宗教学校)进行一定的资助。尽管全美国有五分之三的州明确规定禁止将公共资金用于宗教目的,但仍有四分之三的州为私立学校的学生提供公共资助[①]。在这样的情况下,宗教与政府的分离严格意义上并没有完全实现,因此,必须明确分离的界限并不是一堵墙,而是一道“模糊、朦胧且会变动的栅栏”,界限取决于具体情况。

然而,由于宗教与世俗的关系本身就过于复杂,雷蒙测试并非全部和绝对适用。在 1983 年的马什诉钱伯斯案中,联邦最高法院没有支持采用雷蒙测试,维护了国会开会前举行祷告的规定,并强调这样的惯例具有历史渊源,已成为美国社会结构的一部分。在不同的诉讼中,联邦最高法院也尝试采用其他辅助手段对政府与宗教的关系进行判断,并提出一些更实用和灵活的判断标准。包括 1984 年在林奇诉唐纳利案中采用的背书测试(The Endorsement Test)和 1992 年李诉韦斯曼案中采用的强制测试(The Coercion Test),这些都是在联邦最高法院判决发展的过程中逐步形成的考察标准,用于判断政府行为的内在合法性。

判断宗教与政府关系的核心要素是社会发展对政教关系的需求,或者说这样的政教关系如何影响社会的发展。雷蒙案发生在 1957 年苏联发射人造卫星的背景下,促使美国将基础教育视为加强国防的重要手段。1958 年,美国政府颁布了《国防教育法》,对义务教育阶段的课程进行科学改革,引入了大量科技和实用类

---

① (美)内尔达·H. 坎布朗·麦凯布. 教育法学:教师与学生的权利:第 5 版[M]. 江雪梅,译. 北京:中国人民大学出版社,2010.

课程,包括通用外语课程,这成为公立教育改革的重点。在这个时期,许多重大政策和社会事件都与此相关,因此政府与宗教、甚至传统之间的关系会适当地调整和改变,进而影响政府对教育的管理方法,教育公共性的内涵也会自然发生变化。如何以及通过何种方式对整体教育进行支持,关系到不同利益和价值之间的平衡。政府财政在教育领域的使用一直是联邦最高法院法官需要权衡和平衡的重大问题之一。

第六章 学生权利的变迁

学生一直是教育活动和教育法律关系中最为重要的主体之一。教育领域中大多数的社 会关系都是以学生为中心而形成的。因此,教育领域的法律关系大都与学生的权益息息相 关。这也是教育法治发展过程中制度构建需要着重考虑的一个环节。美国学生权利意识 是伴随着社会民权运动的发展逐渐产生的。尤其是20 世纪 50 年代以来,各种社 会运动和社会思潮的兴起极大地促进了校园内外各种活动和理念的活跃,导致校园内部学 生活动数量增加。这种以学生为中心的教育理念的转变源于社会文化的转型,整体上对教 育活动产生了结构性的影响,挑战了学校作为公共利益代表的核心地位,引起了各界对 于教育发展与教育改革的关注。

联邦最高法院自然也参与到这一过程中来,通过其特有的"法官立法"方式对学生身份以及学生受教育权的本质进行了深入的思考和裁量,并提出其认为符合美国社会发展的主流价值判断。在"廷克案"中,联邦最高法院就通过判决确认了学生的基本权利,认为学生"并没有在学校的大门失去其宪法规定的言论或表达自由的权利",确定了学生与普通公民 一样拥有相同法律地位的自由表达权利。随着联邦最高法院关注学生群体的案件不断增加,判决也不断丰富并逐渐形成了系统化的趋势,学生完整的权利主体地位以及相应的法 律分析体系被正式确认,并逐渐影响着后续相关教育政策的制定和执行。

从现代教育体系的设立来看,学校组织作为制度化的教育机构,拥有管理学生的天然权 力。同时,当这样的教育模式与教育国家主义相结合的时候,学校对学生的管理权限就天然 地具有国家公权力的特征,学校也就成了公法领域与私法领域融合的特殊区域,成为各种 权利之间矛盾冲突的交汇点。

当学生进入校园范围之后,就开始受到组织制度性规范的影响。学生需要按照学校规 定的校规校纪、课程大纲开展学习活动。因此,对于个体而言,在现代国家的教育体系中学 习既是一种个人权利,同时也是国家规定或者组织约定的义务负担。学校制定校规校纪的 行为,特别是公立学校的管理行为,在一般情况下被视为是国家公权力行使行为,具有强烈 的政府管理属性。也正因为如此,公立学校做出的很多学生管理行为,成为联邦最高法院司法审查的对象。可以说,公立学校或者学区因其公共属性成为宪法诉讼中不可或缺的一方主体,对其行为进行的法律判断构成了宪法诉讼的主要内容。在这样的情况下,如果学生个体或有关组织认为学校的管理行为对其权利造成了困扰,就可以提起相关的宪法诉讼。

第一节　学校仪式的合宪性讨论

学校作为学生成长的制度化环境经常会举行一些仪式性的活动,无论公立学校还是私 立学校都是如此。在美国,公立学校设置的很多仪式性活动经常会受到家长和学生的质疑,遭遇宪法审查挑战。例如,公立学校在集会的时候会要求学生面向国旗行礼,这样的行为是学校日常管理活动的重要组成部分。如何看待类似向国旗行礼的学校管理行为,反映了美国社会多元文化的教育现状,最终和政治问题一样可能都会归入法律规制和争议的范畴,而对其进行的价值判断也会随着社会环境的变化而改变。

在美国社会发展的早期,公立学校中要求学生向国旗行礼的管理行为在戈比提斯案中得到了联邦最高法院的支持。宾夕法尼亚州密茨维尔的教育委员会要求公立学校的学生每天都要向美国国旗敬礼。1935 年,该学区的莉莲和威廉·戈比提斯两兄妹因为拒绝在学校日常活动中向国旗敬礼和诵读效忠誓词而被宾夕法尼亚公立学校开除。在这个案件中,戈比提斯是耶和华见证会的信徒,他们相信向国旗敬礼的行为是被《圣经》禁止的。因此,耶和华见证会的家长们认为学校开除他们孩子的行为违反了宪法第一修正案,于是基于宗教自由的理由向联邦最高法院提起了诉讼,要求联邦最高法院对学校开除学生的行为进行审查。

联邦最高法院通过调卷重新审核了这一政策,最终以 8∶1 的比例判决维持了强制性的国旗敬礼的管理行为。认为这一行为能够被接受,并不违反宪法的基本原则,没有侵犯他们的言论、宗教自由或平等保护的权利。在该案的判决中,菲利克斯·法兰克福特法官代表大多数人撰写了意见。他主要依靠"世俗监管"的规则,衡量了非宗教政府监管的世俗目的与宗教行为之间的关系。联邦最高法院裁判认为,国家和政府在民族凝聚力方面的利益在法律价值等级中不低于任何其他的价值,拥有较高的位阶。同时,对国家整体安全而言,民族的团结是国家安全的基础,因此利益重大。法兰克福特进而写道,"学区对建立一个统一国家的关注,足以让他们要求学生向国旗敬礼",因而判决向国旗致敬的法案并不违反宪法。

将重大利益作为衡量法律是否违反宪法的标准在联邦最高法院成立早期就已经确立。在 1887 年马格勒诉堪萨斯州案中,联邦最高法院指出,警察权的运用必须与其目的有实质性关联。"如果一部以保护公众健康、公共道德或公共安全为目的的法律同它的目标之间缺乏真实、实质上的联系,或本身就是对受基本法律保障之权利的侵害,联邦最高法院有义务进行裁判,这一原则同样适用宪法。"根据当时的社会背景,大多数联邦最高法院的法官认为向国旗行礼的价值是重大的,其重要性要高于个人自由甚至是宗教自由本身所展现的价值。多民族国家统一的利益和其他利益相比较,分量更重,尤其是对美国这样一个历史发展不长的移民国家而言,民众国家认同的形成一直以来是政府关注的重点问题。戈比提斯案中所体现的价值选择非常明确,但也仍然存在反对的声音。哈伦·斯通法官持有了不同意见,他认为宪法保障的自由的精髓是"个人不受强迫的自由,可以自由思考和表达"。在衡量国家利益和个人利益的时候,个人的自由同样应当受到国家的保护,甚至高于国家利益。虽然通过多数决定议事规则,联邦最高法院认可了学校要求学生向国旗敬礼的行为,但是斯通法官的观点仅在三年之后就占据了主流,改变了联邦最高法院在戈比提斯案中形成的价值选择。1943 年,联邦最高法院的法官在西弗吉尼亚州教育委员会诉巴尼特案中推翻了戈比提斯案的判决，确定强制公立学校的学生向国旗敬礼违反宪法的自由与宗教条款。

在巴尼特案中，西弗吉尼亚教育委员会通过了一项决议，要求公立学校将师生向国旗致敬列为学校活动的必修课。学生需要“向国旗致敬”，同时私立学校和宗教学校的学生也需要类似地参照公立学校执行。如果不执行，将会面临罚款和监禁处罚。一名耶和华见证会家庭的孩子因为拒绝行敬礼，而被停学。他们还被威胁要送入专门为犯罪儿童开设的改造学校，父母也面临着导致青少年犯罪的起诉。

在美国，耶和华见证会是一个独立的宗教实体。根据其宗教信仰，神的律法规定的义务高于世俗政府制定的律法。他们的宗教信仰来源包括《出埃及记》中所记载的：“不可为自己雕刻偶像，也不可作什么类似的东西，仿佛上天、下地、地底下、水中的百物。不可向他们下拜，也不可侍奉他们。”耶和华见证会的信徒认为国旗是这个描述中的“偶像”，因此，基于宗教理由而拒绝向它致敬。在这样的情况下，美国西弗吉尼亚州的公民以自己以及和他们处境类似的其他人的名义，向联邦最高法院提出诉讼，要求联邦最高法院颁布法令解除这些法律和条例对耶和华见证会信徒的限制。

联邦最高法院经过审理认为州政府不得强制执行要求公立学校的学生向国徽（国家符号）敬礼的规定。同时，如果联邦宪法第十四修正案禁止学校实施这样的规章，那么它就更应该禁止因宗教理由不向国旗敬礼而实施的惩罚。如果国家不能通过向国徽敬礼来强迫一个人违背他虔诚的宗教信仰，那么它当然也不能对其进行惩罚，并规劝他们接受这些观点。此外，向他人传播类似的观念也应当受到宪法保护。根据这样的法律推论，联邦最高法院认为第一修正案不能强制人们在任何话题上达成一致意见，而且像国旗这样的国家标志不应得到高于宪法保护的特殊尊重，这再次强调了宪法本身在现代社会中的权威性。

学校的管理行为权力来源于州政府的授权，因此是一种公共权力行使的表现。通过学校有组织的教育教学活动,州政府的行为使得孩子在公立学校向国旗敬礼并承诺忠诚成为一种义务。州政府通过学校的中介作用持续推广和传播符合公共利益的主流价值观,培养具有良好观念和品格的公民。敬礼时,孩子们通过延展自己的右胳膊,手掌向上,同时宣称:“我宣誓效忠美利坚合众国国旗和它所代表的共和国;一个不可分割的、人人享有自由和正义的国家”。联邦最高法院以6票赞成、3票反对的结果判决,认为政府强制性的做法违反了第一修正案和第十四修正案,推翻了戈比提斯案的判决。

同样是耶和华见证会的信徒,这次虽然他们仍然是以宗教自由的条款来维护权利,但联邦最高法院的法官却首次通过宪法的“言论自由”条款保护了他们的利益。法官们认为保持沉默也是自由表达的一种形式。当涉及言论自由时,联邦最高法院会非常谨慎,并试图通过对宪法条文中言论自由原则的多元化解释来促进社会整体公益的进步以及对政府运行的监督。因此,联邦最高法院也将对言论自由的保护提升到了宪法保护的重要位置,使得“自由”成为教育法治发展过程中的核心原则之一。

第二节　惩戒权的基本属性

惩戒行为是伴随教育一直存在的古老形式,是学校日常教育教学管理的重要方式。本质上属于教育活动的一种表现形式,通常出现在家庭和正规的学校教育领域。特别是在初等教育阶段的中小学管理过程中,惩戒作为内化于教育活动的重要现象,构成了教育教学的重要组成部分,与教育行为不可分割。随着学校制度的逐步完善,惩戒开始具有制度性的含义,主要指对违反学校教育教学和管理规范行为的纠正,旨在维护正常的教育教学秩序,促进教育管理的有序化。

一般而言,美国中小学的惩戒权在权能性质的分类上主要可分为搜查扣押权(Search and Seize)、预防干预权(Prevention and Behavioral Interventions)、校内训导权(In-School Discipline)、离校停学权(Out-of-School and Exclusionary Discipline）这四个主要类别。而具体形式主要包括搜查、扣押（没收）、训诫、剥夺权利、留校、学业制裁、短期停学、长期停学、惩戒性转学、在家教育和体罚等[①]。由于现代学校承担着部分的公共职能，特别是在教育管理的过程中属于典型的公共权力行使，因此其行为需要严格遵循法律法规对政府机构的行为约束。如果家长或学生认为相关的政府公共管理行为侵犯了其权利，就可能引发行政诉讼。

美国所坚持的宪法原则经常会在学校环境中产生冲突，需要联邦最高法院持续提出行之有效的解决方案和衡量与评判标准来约束学校具体的办学行为。联邦最高法院在新泽西诉 T.L.O. 案中指出，学校公务人员、教师进行的搜查应符合第四修正案的标准，但基于学校的教育环境，学校公务人员、教师行使搜查权不必持有搜查令。这实际上将惩戒权中的搜查权明确归类为行政权领域，但由于教育活动和学校环境的特殊性，却不能完全将其定义为绝对意义上的行政行为。对于学校教育环境中的惩戒权并非行政处罚权，因此在实体标准和程序要求上与传统的行政行为标准相比较低。这也是教育活动特殊性的重要表现之一，平衡了公共权力适用的环境和规则，是一种有效的妥协。尽管该案于 1985 年做出裁决，但仍对所有学生在上学时携带书包产生现实影响，并指导了学校的具体日常管理活动。

当然，在美国社会，关于惩戒权及其具体属性的定义在法律领域一直存在争议。惩戒作为教育领域中较为普遍的现象，由于实施主体具有公权力属性，使得公立学校中惩戒实施具有明显的公权力内涵。因此，在宪法意义上对其进行评价具有重要意义，成为违宪审查的对象。这意味着，即使标准不明确或惩戒的内涵未被法律完善定义，只要联邦最高法院的法官认为有必要，他们随时可以依据惩戒具有的公共属性将其纳入司法审查范围，并对惩戒进行阶段性的价值权衡，并向社会公众表达他们对于惩戒的态度和对其本质的认识。

20 世纪 80 年代末至 90 年代初，学校管理和学校教育的复杂性逐渐增加，美国学校开始采取“零容忍”政策来应对学生的严重违纪行为。这个词起源于里根

① 周洪宇，方晶. 美国中小学教师惩戒权的界定与启示[J]. 新疆师范大学学报：哲学社会科学版，2019，40（06）：84-95.

时代对社会毒品滥用的回应，1986年美国政府在联邦层面通过了《反毒品滥用法案》(*Anti-Drug Abuse Act*),成为向毒品宣战的新起点。该法律对毒品罪犯实施了新的强制性最低刑期,将改造制度转变为惩罚制度。1989年,零容忍政策在加利福尼亚州的一些学区开始应用于学校管理中。最初是为了禁止学生使用和携带毒品,到1994年逐步应用于对枪支使用的管理。[①] 主要的原因是国会在1994年通过了《无枪学校法案》(*Gun-Free Schools Act*),要求各州开除那些携带枪支到学校的学生。

在“零容忍”的政策环境下,一般对学生采取的是排他性惩戒措施,而学校中,“停学”和“开除”是排他性惩戒中最常用的类型。因此,违反“零容忍”政策的学生也自然面临着“停学”和“开除”的处分,这一制度惩罚的成分要高于教育成分。同时,由于这两种行为对学生的权益产生较大的影响,且“零容忍”政策通常没有规定如何以积极的方式来帮助学生改变不当行为的措施,因此学生和家长都会向法院提起诉讼,通过法庭来表达自己的观点,并维护自身的合法权益。因此,很多联邦最高法院处理的诉讼案件都源于学校实施“停学”和“开除”的处分,也由此引发学校有关惩戒权合法、合规行使的众多思考。

学校管理涉及学校的各个方面,是永恒不变的热门话题。学生是教育法律关系中的重要主体之一,学生管理则成为教育治理的重要内容。一般认为,学校和政府有适当的权力来管理学生,因此能够控制和规范校园中教师和学生的行为。最常见的学生管理权力渊源的经典理论源于“特别权力关系”理论和“替代父母”理论。

虽然随着社会的发展,“特别权力关系”理论已经失去了现实基础,“学生消费主义”等关注个人自由发展的理论开始主导校园的教育教学和管理活动,但是教育教学活动自身具有长久以来形成的不变传统和独立价值,这两者之间的冲突需要较长时间的磨合才能消除。这意味着,学校与学生关系的理论探讨虽然一直在

① 姚计海,张彩云.美国学校的“零容忍”惩罚政策述评与反思[J].外国教育研究,2003(12):31-34.

变化，但是学校作为制度化的教育教学活动实施主体，对学生的管理所具有的合法性尚未受到挑战，只是在监管程度和管理方式上一直存在微妙变化和调整。在学校或者教师行使惩戒权的过程中，合规问题优先于合法问题。学校管理的过程中的合规问题，其复杂性程度可能高于合法问题，而且更加难以区分和识别。

教育活动具有个体与社会的双重属性，校园的封闭性形成了学生在事实上脱离父母和家庭监护的特殊环境。联邦最高法院会在审理具体案件的过程中，根据不同的客观情况权衡不同的价值。学校是现代社会最为重要的社会组织之一。在考虑学校作为制度化的教育机构来实现国家的教育目标时，法官一般认为只要符合正当的教育目的，遵守一般的社会规则和利益诉求，学校作为具有政府职能的组织对学生管理所产生的公共价值就要大于受到法律保护的个人自由。进入校园环境接受教育意味着教师和学生就不能像在其他场合或私人场合中拥有更大的空间，他们的自由权利会在一定程度上受到限制，其行为都需要符合教育教学以及学校管理的基本原则。

这不仅因为教育目的具有普遍的公共性，也因为在学校场景中，不同学生个体所拥有的自由必然存在一定程度的重合，这是学校作为人员密集场所的典型特征。同时，学校是个体社会化学习最重要的场所，学生群体内部以及学生群体和教师群体之间的自由权利与社会交往现实环境中存在冲突，而政府所希望推广的教育理念是培养一种多元文化融合的社会价值。因此，在学校教育活动开展的过程中，所有的受教育者在接受教育的同时，也在与其他个体互动过程中不断探索他人权利的边界，这本身也是学校教育的重要组成部分，社会化是学校教育目的的重要功能之一。可以说，学校教育教学活动既是手段，也是目的。

因此，将学校作为一个整体的教育环境来看待时，如果学校正常的教学秩序被影响，其他个体应当享有的受教育权也会变相地被侵犯，甚至被剥夺，个体之间将形成一种不稳定、不和谐的关系，这对学校的教育教学并不利。因此，学校针对违纪学生的惩戒行为，不仅是学生社会化的重要教育内容，同时也是维护其他个体受教育权的重要手段。惩戒的目的是塑造良好的校园环境,为在校园内接受“统一”教育的学生群体提供有序的教育教学秩序,以加速其社会化的过程。可以说,学校实施惩戒行为本身,就是学校实施社会化教育的重要内容,因此一般情况下也需要符合和遵守社会规则设定的基本原则。在本质上,惩戒仍然可以被看作是一种必要的教育手段,符合教育的基本需求,成为联邦法院审查类似案件所接受的事实状态。

一般情况下,学校规章能够对学生的行为进行约束,但规章内容必须“具体、明确”。联邦最高法院认为,规章中模糊性语言将导致规章违背宪法原则而失效,因为这些模糊的条款无法清晰地界定违纪行为的具体特征和行为边界。当规范条文的内涵和表意不明确时,公共权力部门在执行该条款时可能拥有过多的权力,容易侵犯相对人权利。同时,由于条文存在不确定性和模糊性,将导致行为人没有明确的依据可遵循,进而限制了社会交往活动。虽然在行政法规以及校规校纪中并不需要达到刑事领域中条文的精确程度,但规章的遣词和用语需要让学生个体能够清楚地明白哪些具体行为是不被学区和学校所接受的。法官在佩尔维斯诉拉马克独立学区案中认为,学校应根据学生所受纪律处分的严重程度,确定和执行纪律处分的正当程序,涉及的程序数量和质量要求也应有所不同,与其大小比例相一致。

(一)青少年的平等权利和程序性权利

1967年的高尔特案的判决是联邦最高法院的一项具有里程碑意义的判决。这个判决确认了受到犯罪指控的青少年在犯罪诉讼中必须享有与成年人相同的正当程序权利保护,例如及时通知权、质证证人权、不自证其罪权以及获得律师辩护的权利。这意味着学生所具有的基本权利不能因在校园内而被剥夺,学校也不能因为进行正式的教育活动而超越法律赋予的权力。任何人也不能因为是学生或未成年人而减损其拥有的宪法基本权利。这实际上对合法性和合规性在宪法层面上进行了基本性的讨论,将合法性问题排除在学校或教育组织合规性管理的范畴之外。

美国对未成年人的保护非常重视。早在 1899 年,伊利诺伊州库克县就设立了第一个少年法庭。到 1925 年,除了缅因州和怀俄明州以外,美国各州都已经设立了少年法庭,对涉及青少年的案件进行审理。少年法庭遵循的基本原则是关注儿童福利,通过专门的法院来保障少年儿童的权利,并对相关案件进行裁判。

在高尔特案中,上诉人的儿子杰拉尔德·高尔特(Gerald Gault),当时 15 岁,因被指控拨打猥亵电话而被拘留。杰拉尔德当时正在假释期间,他被带走时警察并没有通知他的父母。虽然进行了听证,但在该听证会上没有人宣誓,没有记录或记录,也没有编写关于会议内容的备忘录。杰拉尔德在少年法庭接受法官听证后,被判定为少年犯并被送入州立工业学校学习,直到成年。上诉人在州法院提起人身保护令诉讼,以剥夺各种程序性正当程序权利为理由,质疑《亚利桑那州青少年法典》的合宪性。亚利桑那州最高法院裁定驳回该保护令,认为宪法保障正当程序适用于对青少年被指控犯罪的程序,但同时认为《亚利桑那州青少年法典》在犯罪诉讼及其审理过程中包括了正当程序的要求,因此杰拉尔德被判有罪的程序并没有违反这种正当程序的要求。

最终,联邦最高法院以 8:1 的比例判决州政府败诉,认为青少年同样受到宪法正当程序的保护,对杰拉尔德被送入工业学校学习的决定程序明显违反了宪法第十四修正案规定的正当程序原则。联邦最高法院特别确认了青少年以及儿童属于第十四修正案中“人”的范畴,必须为他们提供宪法性的保护。在这一案件中,联邦最高法院明确了以下几个程序性原则:

(1)正当程序要求在类似诉讼中向儿童及其父母或监护人发出充分的书面通知。这种通知必须告知他们“必须面对的具体问题”,并且必须“在切实可行的最早时间,并且在任何情况下都必须在听证之前有充分准备”;

(2)必须通知儿童及其父母有权聘请律师,如果负担不起律师的费用,将由法院指定律师代表儿童;

（3）在没有有效的供述情况下，必须进行质证以及交叉验证证据；

（4）禁止自证其罪的宪法特权适用于这类诉讼，“如果没有明确和明确的证据，证明该少年在明知他没有义务发言，也不会因保持沉默而受到惩罚的情况下，其招供不得作为对其不利的证据。”

通过高尔特案，联邦最高法院审查了儿童和青少年所具有的程序性宪法权利，为儿童以及青少年权利提供了平等的宪法保护，进而影响并完善了青少年司法制度的基本原则，推动了青少年司法的制度化，为美国学生程序性权利的合宪性审查和司法保护提供了重要的判例支撑。

（二）体罚的正当性与限度

贝克诉欧文案发生于1973年的北卡罗来纳州吉布森维尔学校，该校六年级学生拉塞尔·贝克因违反课堂规则而受到老师的体罚，随后引发了诉讼。受理这个案件的地方法院的判决最终被联邦最高法院确认，也成为联邦最高法院首次关注基础教育阶段的“体罚现象”。

事件最重要的诱因是拉塞尔·贝克的母亲弗吉尼亚·贝克在将其子送入学校时向学校官员明确表达了不要体罚她的儿子的态度。弗吉尼亚认为，拉塞尔·贝克是一个脆弱的孩子，而她作为母亲原则上也反对体罚。但在随后的学校生活中，拉塞尔的行为触犯了班级规定，违反了教师告知的除指定的比赛时间外禁止投掷踢球的规定，于是教师对他实施了体罚。弗吉尼亚随后以此为由起诉校长欧文（W.C. Owen）和学校的其他管理人员，认为学校侵犯了拉塞尔·贝克宪法第十四条修正案赋予的正当程序权利，同时也认为这一体罚行为构成了残忍而不寻常的惩罚，属于第八修正案所禁止的“酷刑”。原告们认为州法律中的“在行使合法权力来约束或纠正学生及维持秩序时可以使用合理的暴力（reasonable force）”是违反宪法的，并对该条款提出了宪法性挑战。

弗吉尼亚认为联邦最高法院在1923年的迈耶案和1925年的皮尔斯案中明确认可父母拥有“养育子女的权利”，而在1944年普林斯案中也明确认可父母拥有监护、照料和养育儿童的权利。基于上述先例判决，作为家长拥有的宪法层面上的自由权应包含决定如何管教孩子的权利，这种权利受到宪法保护，因而是基础性和根本性的。她认为学校体罚拉塞尔·贝克的做法违反宪法，除非它服务于“一个无法通过其他方式推进的、令人信服的”政府利益。然而，学校并没有给出任何令人信服的理由，因此弗吉尼亚认为学校对其儿子实施的惩戒行为违反了宪法第十四条修正案赋予其的正当程序权利，也违反了第八条修正案免受残忍和不寻常惩罚的规定，同时以授权学校官员得以体罚的法律条款同样违反宪法，并以此向联邦最高法院提起诉讼。

地区法院在判决中部分认同了弗吉尼亚·贝克的意见，认为她确实拥有根据第十四条修正案自由决定如何管教她儿子的权利。然而，联邦最高法院拒绝承认这一权利是绝对的，并认可体罚符合国家维护公共学校秩序和纪律的正当利益。同时，联邦最高法院特别指出对于在本案中未体罚的情况下学校纪律和秩序是否能够得到维持的问题，关于体罚价值的意见存在明显分歧。

联邦最高法院在权衡判断后表示：“我们不能允许家长的意愿限制学校官员在决定惩罚方法时的自由裁量权。”联邦最高法院还认为，虽然学生没有资格获得“全部的程序性正当程序权利”，但应当受到第十四修正案平等权利的保护。学校应该“采取必要的最低限度的程序来保护学生的利益，同时又不损害惩罚的教育价值”。同时，针对本案的具体情况，联邦最高法院提出了体罚的程序性要求，成为衡量体罚是否符合法律规定或法律基本原则的标准。具体要求如下。

（1）必须事先告知学生哪些特定类型的不当行为会导致体罚。

（2）体罚不能作为首先使用的惩戒或者惩罚手段，只有在尝试其他惩戒措施之后才能使用。

（3）体罚必须有至少一名学校官员在场见证，并在学生在场的情况下告知其被体罚的原因。

（4）如果家长要求，执行惩罚的官员必须向学生的父母提供一份书面理由说明和见证官员的姓名。

针对家长将体罚的性质认定为第八修正案禁止残忍和不寻常惩罚的疑问和挑战，联邦最高法院认定，“用比尺稍长、稍厚的木制抽屉隔板打他的屁股两次”的方式并不构成残忍和不寻常，进而将学校的体罚排除在宪法第八修正案“残忍和不寻常惩罚”的考察范围之外。这实际上承认了体罚的合法性，只需要在“合规”或者“合理”的范围之内运用宪法原则权衡即可。通过联邦最高法院对下级法院的确认，将体罚这种在学校中常见的教育活动和惩戒行为纳入宪法原则考察与评价的范畴，赋予其基础性的宪法内涵以及评判标准。两年后，联邦最高法院在英格拉姆诉赖特案中进一步裁定，学生在避免体罚方面的宪法上的自由利益不需要通过贝克案中提出的特别行政程序保障，明确了宪法第八修正案并不适用于公立学校中的体罚行为。

在英格拉姆案中，上诉人詹姆斯·英格拉姆（James Ingraham）及罗斯福·安德鲁斯（Roosevelt Andrews）是佛罗里达州戴德县（Dade County）的初中学生。根据佛罗里达法律法规的规定，学校可以将体罚作为维持学校纪律的手段，并授权教师对违规的学生实施体罚，但必须在之前征询校长的意见后才能实施。同时，体罚方式是“用一支约 5 cm 长、10 cm 宽、1 cm 厚的木制棍子体罚学生，正常的体罚限制为一次最多用棍子打 5 下，且不能侮辱人格或造成明显伤害（degrading or unduly severe）”。

英格拉姆是八年级的学生，因为他在上课时回答问题太慢而受到处罚，导致身体局部出现淤血并需要敷药，也因此造成多日无法上学。医生为英格拉姆开了冰袋、止痛药、安眠药和泻药，并建议他至少在家休息一周。一个多星期后，另一名医生发现他仍然有肿胀、柔软、紫色的现象，并正在排出液体，于是建议他在家多休息 72 小时。安德鲁斯则是该校九年级的学生，因为常有轻微的违规行为而连续遭受体罚。其中一次是赖特打了他的手腕，但安德鲁斯认为这并不是他的过错。医生给他开了止痛药和一个冰袋来消肿，大约有一周时间他的胳膊不能自由活动。

两位学生和家长不满意学校教师实施的体罚行为，代表全体戴德县学生的利益向联邦地区法院提起诉讼，主张这样的措施违反了宪法第八修正案禁止酷刑的条款和第十四修正案的正当程序条款。联邦地区法院予以驳回，家长不服，提起上诉。联邦最高法院认为，本案中的惩戒行为是严重和暴虐的，违背了宪法第八修正案对公民基本权利的保障。而且，学校实施体罚的程序也未能符合联邦宪法第十四修正案的正当程序要求。

这个案件的诉讼程序较为复杂，校方提出异议后，联邦最高法院再审时召开了一次听证会，推翻了先前的决定并维持了联邦地区法院的判决。联邦最高法院指出，将程序标准单一化会让学校必须花更多的时间和精力来执行这种程序，这将导致联邦地区法院实质上干涉公立学校的内部事务。对于本案是否违反第八修正案的争议问题，联邦最高法院强调，由于州法律已经设立了民事和刑事救济渠道，如果事后发现处罚过重，学校官员可能要承担损害赔偿责任或受到刑事处罚，因此不属于第八修正案保护的范畴。这一观点符合贝克诉欧文案中关于宪法第八修正案排除原则的规定。

联邦最高法院同时指出，作为一种规范学生行为的手段，美国的体罚传统始于殖民地时代。尽管体罚作为对罪犯的惩罚已经被普遍放弃，但在全国大部分地区，对学童实施体罚仍然在公立教育中发挥作用。法官认为在校的儿童几乎不需要任何第八修正案的保护。因为在英格拉姆案中，法官强调："尽管入学不一定都是自愿的，但公立学校仍然是一个开放的机构。除非在极端情况下，孩子在上学时间离开学校没有身体上的限制；放学后，孩子们总是可以自由地回家。即使在学校里，孩子们也得到了家人和朋友的支持，几乎不可能与那些可能见证和抗议任何虐待事件的老师和学生们分开"。

联邦最高法院认为，公立学校的开放性和社区监督为防止发生对囚犯施加的各种虐待行为提供了重要的保障。事实上，在允许学校实施体罚的社区中，这些保障措施已得到普通法法律机制的强化。根据普通法，公立学校的教师和管理人员只有在对儿童进行适当的教育和纪律时才具备实施体罚的特权，任何超出特权范围的惩罚都可能导致民事和刑事责任。联邦最高法院进一步认为："只要学校接受公众监督，我们就没有理由相信普通法的限制不能有效地补救和制止像这起案件中所指称的过分行为"。

这个案件的判决最终以 5∶4 的比例通过，其中涉及的矛盾冲突依然颇具争议。鲍威尔法官认为，如果在听证会上拒绝教师对学生实施体罚的提议，那么"教师在课堂上维持纪律的能力就会因此受到损害……"。怀特、布伦南、马歇尔和史蒂文斯法官在判决中表达了反对意见。他们针对主要判决认为"从历史上看，第八修正案禁止酷刑原则的适用范围是刑事犯罪的认定领域"，提出并没有任何依据证明第八修正案只能应用于刑事领域。怀特法官认为，第八修正案是否适用并不取决于被指控的错误行为是否被视为犯罪，而是应该考察该制裁行为是否被作为惩罚来实施，这是对行为本质的认可，而不是对行为具体分类的认可。他特别提出，"制宪者没有选择在第八修正案的语言中加入'罪犯'一词，这一事实有力地证明，该修正案旨在禁止所有不人道或野蛮的惩罚，无论惩罚所针对的犯罪的性质是什么。"因此，他认为学校的体罚行为同样应受到第八修正案禁止残酷和不寻常惩罚的约束。在怀特看来，这起案件中的用戒尺惩戒的行为显然是一种惩罚，应按照宪法第八修正案的标准进行检验。他也明确表示在本案中并不存在"因为迟到而割掉耳朵"的酷刑，但当"体罚变得如此严重，在文明社会中是不可接受的……"时，体罚也同样应违反宪法。

在英格拉姆案中，联邦最高法院明确表示，存在普通法授权的情况下，宪法第十四修正案的原则无需也没有必要直接适用于体罚。当教师和校长认为体罚是必要的纪律手段时，他们必须谨慎和克制，现行的民事法律和刑事法律将对其进行约束。如果他们的体罚超过了必要的限度，家长和学生也可以依据相关法律要求赔偿侵权行为。在这样的判断下，联邦最高法院再次谨慎研究了体罚所涉及的法律关系和权利保护的内容，并由此提出判断体罚和惩戒是否合理应考虑所有可能的

情况,其中最重要的考虑因素包括:

(1)过错行为的严重性;

(2)学生的态度和过去的行为;

(3)惩戒的本质和严重程度;

(4)学生的年龄和体格状况;

(5)是否有其他不严厉但效果相同的规训手段。

(三)停学处分的理解与转向

戈斯诉洛佩兹案是联邦最高法院有关停学处分裁判的著名案例,也是联邦最高法院关于义务教育阶段停学处分的判决之一。1975 年 1 月 22 日,联邦最高法院在戈斯案中以 5∶4 的判决结果裁定学校方败诉,认为学校对戈斯等人的停学处分行为违反了宪法。联邦最高法院的判决意味着公立中小学若要对学生实施停学处分,就必须对其规则进行行政程序上的限制和审查。如果违反了这些要求,学校将承担相应的公法责任,从而将公立中小学的停学处分纳入行政程序管理之中。这一案件整体上提高了法律法规对未成年学生程序性保护的基准,意味着在面临停学这样对学生具有重大利益的处分之前,义务教育阶段的学生有权获得通知和听证等基本程序规则的保障。

洛佩兹案发生在俄亥俄州。当地的法律规定 6~18 岁的学童享受免费教育,即义务教育为适龄儿童提供免费教育。根据法令,公立学校的校长可以对那些行为不端的学生施加休学 10 天或开除的处分,而且只要学生的父母在 24 小时内收到通知,校长就可以不举行听证会。对于那些被停学较长时间的学生或学生家长,可以向地区的教育委员会申诉,并申请举行听证会。但是,对于短期停学处分,法令并没有规定相应的程序,因此在短期停学和长期停学的处理上,学校在实际执行的过程中存在本质上的差异。

本案当事人怀德特·洛佩斯(Dwight Lopez)以及其他 8 名学生来自俄亥俄州哥伦布学区内两所公立高中和一所公立初中。其中, 6 名原告鲁道夫·萨顿、蒂龙·华盛顿、苏珊·库珀、黛博拉·福克斯、克拉伦斯·拜尔斯和布鲁斯·哈里斯都是马里昂-富兰克林高中的学生，因为不服规定或干扰学校正常教学的行为而被校方处以短期停学10天的惩罚。学校没有举行听证会来确定导致对这些学生停学处理的重要事实。在停学处分生效之后，这些被处分的学生和他们的父母一起参加了旨在讨论他们自己未来发展的会议。洛佩兹是中央高中的学生，因为在学校餐厅发生的骚乱并造成财产损失而受到停学处分。洛佩斯作证说，当天至少有75名其他学生被学校停学，但自己并非这一破坏性行为的参与者，而是一个无辜的旁观者。然而，由于学校没有人就此事作证，所以记录中没有任何证据表明官方基于何种事实作出停学的结论，同时洛佩兹从未因其处分参加过听证会。这些学生受到的处分和处理过程基本相同，因此不服校方的处分行为，哥伦布教育委员会及学区委员会的人事主管诺弗尔·戈斯（Norval Goss）作为被告向联邦最高法院提起了集体诉讼。

联邦地区法院由三名法官组成，通过审查案件材料认为学校对学生的停学处分违反了正当的法律程序，因为学校在对这些学生进行短期停学之前或停学后一段合理时间内没有召开听证会，所以该停学处分及其所依据的法律是违宪的。联邦地区法院再次指出，除紧急情况外，在停学之前通知并召开听证会是程序正当性的最低要求。

1974年10月16日，这个案件在联邦最高法院进行了辩论，联邦最高法院确认俄亥俄州的公立学校在确定是否发生了不当行为时没有遵循“基本公平的程序”。根据宪法的基本原则，学生作为公民的基本身份应当具有“财产和自由利益”，符合宪法第十四修正案所保护的条件。学生接受公共教育的权利是宪法保护的一种财产利益，当面临行政处分时，这些权利可能受到影响或剥夺，包括影响学生未来的就业机会、教育机会，如影响大学录取等。根据基本的宪法原则，当这些基本利益以及将来可能期待的利益有可能在公共权力行使过程中受到减损时，个体就应当受到正当程序保护。

在联邦最高法院看来,应用正当程序的目的是"为不公平或错误的不当行为调查结果提供基本预防措施"。在裁决中,联邦最高法院指出,听证会通常包括与学生讨论其所被指控的不当行为,这样学生如果否认对其的指控,就能够有机会在纪律官员基于其"不当行为"作出裁决前,陈述其对相关事实的说明或解释。对于官员而言,也能够通过学生的申辩判断其行为是否存在以及是否具有处罚的必要性。联邦最高法院审查认为,当前学区所执行的停学处理程序并没有给予那些否认其不当行为的学生提供解释和反驳的机会。只有通过正当的程序设计才能够达到"兼听则明"的效果,防止公权力的滥用,保障实体性价值。正是在戈斯案判决中,联邦最高法院提出了有关停学处分需要考量几个标准,作为衡量停学适当性的基础依据。

(1)如果学生的不当行为干扰到学校的学术气氛,或危害到同伴、教师、学校行政人员或学校的财产,那就可以立即将学生停学;

(2)当学生被停学后,学校应在 24 小时内将停学及其程序通知学生父母有关学校作出的停学决定;

(3)要求学生被开除 72 小时内,在其出席的情况下举行听证会。在听证过程中,应明确采取措施,并让学生提出答辩或减轻惩戒的陈述,但是学校并不必须批准让学生聘请律师出席。

依据三权分立的原则,美国的法院系统并没有行政管理权限,法院对行政机关没有干预的权力。法院在判断行政管理关系的过程中是被动的仲裁人,而直接干预行政机关的决策也不符合法院司法机关的本质特征。但是,通过判例列明合法性审查的准则,学校以及其他的教育行政机关就可以在具体执行停学处分过程中,依据这些标准来先行判断其行为是否合适,变相为行政机关的处罚权设定了指导。

校方不服联邦地区法院的判决,最后上诉至联邦最高法院。美国联邦最高法院确认俄亥俄州在没有给予学生听证会的情况下就对学校的 9 位学生"短期停学”10 天的处罚决定违反了美国宪法第十四修正案中的正当程序条款。所以，联邦最高法院确认了学校或者学区对学生进行停学处分之前，需要给予学生最低的程序性正当程序的保护。但是，并非所有的法官都认同这一观点，少数派的法官认为对处分进行严格的程序性限制，导致司法过度干预公立学校的运行，会对学生的教育质量以及学校的运行产生不利影响。此外，根据俄亥俄州的法律，学生在教育方面的利益不会因为休学十天或十天以内而受到侵犯，这一利益并不重大。

正当程序条款禁止任意剥夺自由和个体权益。当政府对一个人的所作所为威胁到他的好名声、声誉、荣誉或正直时，必须满足该条款的最低要求。这一点在威斯康星州诉康斯坦丁瑙案和董事会诉罗斯案中都得到了确认，实际上将“好名声、声誉、荣誉、正直”等价值与个人利益紧密联系起来。通过联邦最高法院的认可，学生在停学惩戒中享有的基本宪法权利包括“通知”和“听证”。洛佩斯案明确指出，如果学校需要作出涉及学生更重大利益的决定（例如强制休学一年或开除），学校需要给予学生更全面的程序保障①。

换句话说，学校在给予学生不同程度的处罚时，必须遵循行政法领域中的基本比例原则，确保学生获得与处罚性质和程度相一致的正当程序保障。这也是法院审查正当程序是否符合要求的基本判断标准。

在美国教育法治发展的过程中，正当程序原则首次在与州立大学等高等教育机构相关的诉讼中出现，最早可追溯到 1961 年的迪克森诉阿拉巴马案。美国联邦第五巡回法院运用宪法理论审判该案，开创了美国教育权利诉讼的新时代，终结了学院和大学可以代替父母进行管教或开除学生的管理教条和原则。迪克森案是美国法院系统第一次承认州立大学学生受到第十四修正案正当程序保护的案例，因此也被称为“美国公立高等教育学生正当程序的先锋案例”②。

---

① WILLIAM G.BUSS.Easy Cases Make Bad Law: Academic Expulsion and the Uncertain Law of Procedural Due Process[J]. Iowa Law Review，1979(1)：1- 101.

② SMITH，WILSON，BENDER THOMAS. American Higher Education Transformed 1940–2005[M].Maryland：The Johns Hopkins University Press，2008.

美国州立大学一般具有特殊的公共法人身份，能够独立行使公共职权。在代替父母理论盛行的时代，州立大学可以基于传统观念并且无需履行告知和听证就对学生进行直接管教，直至开除学生。然而，通过这一先例判决，第五巡回法院则要求州立大学同样应当遵守宪法原则的限制。在开除行为不端的学生之前，必须提供通知和自我辩护的机会，给予学生最低的程序性保护。迪克森案的法官认为，学生必须被告知涉及他们不利证明的人员名单，并且必须告知明确的不端行为指控，并获得口头或书面答复的机会。

迪克森案虽然发生在一所黑人学院，但其判决明确否认了学校与学生之间传统存在的特别权力关系。第五巡回法院认为校园内的学生并没有丧失其作为自然人的基本权利，因此同样适用宪法条款中的正当法律程序原则。这意味着学生并没有因为走进校园而丧失正当程序的保护。作为由税收支持的公共机构，学校在对学生进行惩戒时需要遵循最低的宪法性权利保护程序和原则，旨在限制公权力的滥用并保护个人的基本权益。这一做法与有限政府原则相一致。

综合来看，学校并没有因为接收学生而承担更多的家长责任，既不承担无限责任，也不能无节制地管理学生。因此，“替代父母理论”在高等教育领域开始产生了松动。联邦最高法院的确认使得公立高校的学生正当程序权利得到宪法承认。他们再也不是依附于父母的儿童，学校也因此并不具备所谓的家长控制权。法院对学校行为和学生行为的审查标准也与成年人相同。学生与学校之间的关系理论发生了变化，不再适用“替代父母理论”，亲权并不能凌驾于学生的基本权益之上。

同一时期，在其他领域的司法实践中，也开始挑战传统管理领域中的特别权力关系。1970 年的戈德伯格诉凯利案涉及州政府在停止向特定的公共补助金领受人发放补助金前，是否违反了宪法第十四修正案的正当程序条款，因为未为其提供举行证据性听证的机会。这一案件将政府赋予公民的权利的法律本质认定从“以特权为基础”转变为“以宪法为基础”，意味着美国特别权力关系理论在社会法领域,包括教育领域的结束。学校与学生之间的权利义务开始采用平等的法律关系进行调整。

当然,停学对学生而言虽然是一种教育教学处分,但处分并非教育的目的。实施处分将使得这些孩子客观上脱离学校环境,接受正确的教育指导的机会也相应减少。出于这样的考量,在一些地区已经开始从实体上对学生处分的程序性权利进行调整。这也意味着政府可以通过直接修改实体性的权力来保护学生,以充分保障他们的程序性权利。2014 年 9 月,加利福尼亚成为美国第一个取消低年级学生停学处分的州,取消了因轻微不良行为(如顶嘴、忘带课本和违反着装规定等)而被停学的所有学生。这项法案的目的是从严格的纪律政策转向积极的学校规范和问责方法,以便让更多的孩子留在学校。这是政府在学校教育管理方向上法治化转型的重要标志。在新的《地方控制资金公式法案》(Local Control Funding Formula law)的支持下,加州政府也大量投入"积极的学校纪律计划和策略",各地方政府也积极调整辖区内的学校管理政策,最大限度地让孩子们留在学校。2019 年,加州通过了《加州教育法》修正案,禁止公立学校对 4~8 年级的学生实施停学处分,仅因为他们"扰乱学校活动或故意无视学校人员履行职责的权威"。希望教师和教育顾问能够给这些孩子更多行为上的指导,以实现教育本身的目的。

第三节 表达权的行使界限

发生在 1969 年的廷克案是联邦最高法院历史上唯一一次直接针对大学之前的教育学校(即美国义务教育学校)的校规校纪进行审判,没有涉及宗教条款和宗教价值相关的判例。因此,这一案件在教育法律研究领域具有特别典型的研究意义,推动了政府对基础教育阶段学生权利以及学校与学生关系的重新审视。

20 世纪 60 年代,美苏之间保持着冷战状态,美国政府介入越南战争引起了全美社会,包括广大学生的强烈反对,在校园中引发了明显的反战热潮。美国学生自发地展开了反越战活动,从 1965 年开始于耶鲁大学,高校学生们通过宣讲会、示威、抵制征兵、反对校园军事研究等多种形式表达反战立场，形成了美国高等教育领域学生运动的一股潮流，对美国教育发展产生了重大影响。这种反战情绪也辐射和影响了其他类型的学生群体，包括基础教育的学生。

1965年，原告廷克作为年仅15岁的高中生，与妹妹和其他几位同学决定以佩戴黑色臂章的方式抗议越南战争。但在他们执行计划之前，学校管理者提前得知廷克的计划，并迅速宣布了一项学校纪律规定，禁止学生在校内佩戴任何臂章，否则将受到停课处分。由于廷克坚持佩戴臂章到学校，因此受到处分，并引发了诉讼。

廷克的父亲作为代理人向联邦地区法院提起诉讼，认为学校对廷克的停学处分侵犯了他的宪法权利，并要求撤销学校的惩戒决定并赔偿损失。联邦地区法院在召开听证会后认为，学校的措施是为了维护学校秩序，限制政策的制定以及对廷克的处分，符合学校的教育宗旨，因此学校的行为是合法有效的，判决对廷克不利。

然而，当案件上诉至联邦最高法院时，结果发生了逆转，联邦最高法院的法官们并不认同地区法院的观点。在判决中，法官们首先明确了儿童与成年人具有相同的宪法权利，并确认作为学校管理者，学校对学生在校内行为拥有管理权。法官们认可这两类主体所拥有的权利和权力，均符合宪法的基本价值和原则。然而，试图通过管理方式来阻止不受欢迎的观点，并不能够抵制学生自由表达的权利。在法官们看来，廷克案中学生佩戴臂章的行为类似于纯言论的象征性行为。尽管这种行为可能不符合所有人的认同或喜好，但实质上仍属于一种沉默和被动的意见表达。在这一案件中，没有证据表明学校官员有充足理由相信或确信佩戴臂章的行为会严重干扰学校的工作或侵犯校园其他人的权利，同时也没有证据表明学生的行为对学校的管理和运行造成实质性的破坏。因此，联邦最高法院判决推翻了地方法院的判决，认定学校限制佩戴臂章并对学生进行惩戒的行为违反宪法。联邦最高法院从宪法解释的角度保护了学生的自由表达权利，并认可学生所具有的自由表达权利与成年人的自由表达权利相差不大，同样受到法律的保护。与此同时，联邦最高法院充分考虑了学校的特殊环境和设立目的，将”实质性干预学校运作”作为必要的限制条件，以保护学校教育教学的目标，设立了此类案件衡量的标准。

莫尔斯诉弗雷德里克案与廷克案相似，发生在 1983 年，涉及校园中学生表达权利的保护与限制问题的宪法争议。在一次学校批准和监督的活动中，校长莫尔斯看到本校学生公开展示了一条横幅，上面写着“BONG HiTS 4 JESUS”，校长认为其意在鼓励非法使用毒品，而学校规定也禁止出现此类信息。莫尔斯指示学生们取下横幅，但遭到弗雷德里克的拒绝，莫尔斯随后没收了横幅，并对其处以停学的处分。学区和学监都支持对弗雷德里克的停学决定，认为他的行为违反学校政策，鼓励非法药物使用，处分是合理的。

弗雷德里克随后提起诉讼，指责学校董事会和校长莫尔斯侵犯了其宪法第一修正案赋予的自由表达权利。地方法院判决认为学校没有侵犯弗雷德里克的言论权利，但第九巡回上诉法院推翻了这一判决。第九巡回上诉法院认为，虽然弗雷德里克作为学生在学校活动中表达了对大麻使用的积极态度，但学校对其惩罚缺乏基于言论可能造成实质性破坏的合理理由和判断分析，同时没有充分考虑正当程序原则。因此，该法院认定学校的处分干预了弗雷德里克的自由表达权利，违反了宪法规定。该判断实际上采用了廷克案中的原则和标准对莫尔斯的行为进行了分析和裁决，从个人权利的角度限制了公共权力的行使，对两者的价值进行了平衡。

然而，联邦最高法院不认同这一判决。联邦最高法院的法官们从几个方面进行了分析和论证，并发表了法庭意见，支持了学校在限制“鼓励毒品使用”信息方面对学生行为进行限制的最终意见。首先，虽然事件发生在校外，但因为该活动需要学校和校长批准，并且在上课时间举行，学校的学生和教师也都在现场，因此这个场合可以被视为“学校内部”。其次，从字面上的含义来看，“BONG HiTS 4 JESUS”鼓励和推广毒品使用，甚至为其庆祝。无论这条标语是否还传达了其他信息，至少鼓励和推广毒品使用是不适合学校环境的。再次，当校长认为这样的信息和行为鼓励毒品使用时，她可以对学生的言行进行限制，这并不与第一修正案冲突。联邦最高法院认为，尽管弗雷德里克的行为发生在校外，但因为是学校授权批准的活动，所以仍然属于学校的管辖范围。在学校组织的活动中，学生的行为与学校形成了合法的管理关系，这意味着在学校组织或学校授权的活动中，学生必须遵守学校的规章制度要求。由于学校对该活动的批准，学校的管辖权也延伸到了学校校门之外。

廷克案确认了学生表达权利不应受过度限制，除非学校官员合理地认为该行为"在实质上破坏学校工作和纪律"或"对学校运作造成实质性干预"。同时，法官还引用了 1986 年的伯特利学区诉弗雷泽案中对学生言论自由限制的标准。在弗雷泽案中，联邦最高法院基于廷克案设立的标准对学生的自由表达权利进行了限制，认为必须审慎考虑学校环境的特殊性。因此，如果在集会中学生的表达具有"详细、具象且清晰的色情隐喻"，对学生进行处分是合理的，并且理由充分。同时，重要的是公立学校学生所具有的第一修正案权利并非在时空上与成年人的相关宪法权利完全重合或等同，未成年学生的宪法权利需要与学校环境相匹配。这也意味着廷克案确立的原则并不绝对适用，即使在学校环境中，也需要根据具体情况进行调整和分析。

实际上，学生的自由表达权与学校等教育机构的管理权之间容易产生冲突，从而引发对学校管理行为和学校惩戒行为的质疑。如何认识学生的自由表达权利是判断此类行为本质的关键。不恰当的言论容易导致学生受到惩戒，而学校对学生的不当惩戒可能引发诉讼。

弗雷泽案的当事人是华盛顿皮尔斯郡伯特利中学（Bethel High School）的高中学生马修·弗雷泽（Matthew Fraser）。该案与他在学校一次集会上发表的参选演讲有关。这个演讲活动是学校资助的学生自我管理教育项目的一部分。弗雷泽在整个演讲中使用了精心设计、生动明确的性暗示来指代他的候选人。当天参与集会的约有 600 名学生，大部分年龄在 14 岁左右。其中一些学生模仿弗雷泽演讲中提到的性暗示，而其他学生则显得困惑。伯特利高中的校规明确规定了禁止干扰教育过程的行为，包括使用淫秽、亵渎的语言或手势。集会结束后的第二天早上，副校长叫弗雷泽去她的办公室，告知他学校认为他的演讲违反了规定，同时办公室也收到了五封老师们提交的描述他违纪行为的信件。弗雷泽承认了他的演讲描述以及故意使用性暗示的事实。随后，他被告知将被停学 3 天，并且不再是学校毕业典礼发言候选人。

弗雷泽对学校停学处分提起了诉讼，案件上诉至联邦最高法院。联邦最高法院根据马修斯诉埃尔德里案设立的标准，对教师惩戒权的行使规则进行了审查，包括教师惩戒权针对个人公 民权利的类型，错误剥夺公民自由或财产利益的风险，惩戒权行使的政府利益，以及采用 其他方式的可能[①]。伯格大法官认为，第一修正案并没有禁止学区对弗雷泽在本案中的行为进行处罚。弗雷泽在学校集会上发表了攻击性、下流和不雅的演讲，对其行为进行处罚并没有侵犯他的正当程序权利。

联邦最高法院还从弗雷泽案中总结出两个基本原则，为后续法院进行判断提供了基本的思考方向。这些原则不仅确认了廷克案中对学生权利的保护，还对这些权利进行了本质上的类型化分析。

（1）公立学校学生的宪法权利并非与成年人完全相同。即使在校外的公共场合，学生在学校特殊环境下的言论也可能受到限制。

（2）学生宪法所保护的言论自由权利并没有因为进入校门而被削弱。

教育一般可分为学校教育、家庭教育和社会教育。政府主导的公共教育之一目的是向学生传授现代社会中至关重要的文明习惯、礼仪以及符合社会主流认知

---

① 马修案中，联邦最高法院认为根据宪法第五条以及第十四修正案，政府剥夺人民生命、自由或财产，必须遵守正当的法律程序，个 人“持续接受扶助金”，是宪法第五修正案所保障的财产权，适用于正当程序的保护。但是，现有的行政程序已经提供了当事人 足够的程序保障，也就是经由有效的行政程序得以正当化了，不必举行证据性的听证会。在考虑程序是否正当时，需要考虑以下 3 点：

（1）个人利益曾被政府活动所影响；

（2）利益在程序中被错误剥夺的风险；以及因任何额外或替代性保障程序所可能产生的利益；

（3）政府相关利益，尤其是额外或者是替代性保障程序伴随而来的财政与行政负担。

的基本价值观。这是教育文化传承功能的重要体现,也是司法系统在判决过程中考虑案件核心价值的重要依据。由于基础教育的特殊性,大部分学生都处于未成年阶段,他们的思想尚不成熟,对某些事物的理解也有限。因此,他们需要更多的时间来积累和学习。社会主流价值观需要通过学校的环境逐步向他们普及。禁止使用粗俗和无礼的语言,并在校园环境中保护未成年学生免受这些语言的影响,是公立学校教育管理适当的功能,也是社会化教育的必要组成部分。因此,这种管理具有充分的合法性和合理性。

在学校组织的集会中,弗雷泽演讲中的频繁性暗示显然对老师和学生都是一种冒犯。他的行为让在场的大多数人感到不舒服,这种行为本身是不恰当的,不符合学校教育的核心价值。弗雷泽案与廷克案的情况并不相同,虽然都发生在校园围墙之内,但弗雷泽的演讲目的是作为学校项目负责人的竞选,其内容既没有表达公共议题,也没有对热点话题进行无声或默示的公共抗议,他的演讲仅仅是通过特殊的用词和表达方式来吸引听众的注意。另一方面,弗雷泽清楚知晓学校禁止使用"淫秽"语言的规定,并在之前得到教师的提醒,明确告知学生在校内不适当的言论或演讲可能会受到学校纪律处罚的相关规定。

布伦南法官在判决书中表示赞同,但他同时强调多数派裁决只涉及学校限制学生在学校集会上使用破坏性语言的有限权力,而不是对所有观点进行实质性审查。并非所有法官都表达了相同的观点和理由:马歇尔法官反对的理由是学区没有证明弗雷泽的演讲具有实质的破坏。史蒂文斯大法官则认为根据正当程序条款,弗雷泽没有得到公平通知,因此该处分决定在程序上存在瑕疵。可以看出,实际干预和事前告知是法官们判断处分权是否合法行使的基础,同时违规行为的程度也对应着判断处罚的依据。然而,如果这种判断标准不明确或不适当,学校对学生处分的行为也可能存在不适当性。当然,法官们对案件事实的判断并不完全基于事实内容的认定,而往往从个体应当享有的程序性权利的价值角度进行综合考虑。因此,即使判决中存在的反对意见依然代表着一定程度的合理性,并且从另一方面也支持多数派法官的观点，这也意味着支持与反对意见中可能存在着相同的论证逻辑，法官们所关心的价值在本质上是一致的。

另一个涉及公立中小学学生言论自由权利的联邦最高法院重要案件是黑泽伍德学区诉库尔迈尔案。该案涉及公共权力管理部门介入教育教学活动以及课程内容的尺度问题，案件的关键问题围绕一份学校的出版物展开。这份名为《光谱》的校内出版物由学校高中部的新闻学班编写、编辑、出版，出版费用大部分由学校资助，还有一部分来自出售所得。校长在对即将出版的最后一期刊物进行例行审核时，发现当期有两篇文章不适合刊登。其中一篇描述了三名怀孕学生的经历，校长认为这篇文章中包含了不适合低年级学生的性暗示表述，并且对涉事当事人的隐私保护也不足，可以通过文章的描述识别出当事人的基本信息。另一篇文章则是关于一名学生对离异父亲的抱怨，校长认为学生在写作这个故事并将其发表时没有给当事人父亲申辩的机会。此外，校长考虑到本学年即将结束，同时学校新闻学教师最近离职，这两篇报道没有足够的时间进行重新修改、编辑或删除。鉴于这样的情况，校长决定不分发含有这两篇报道的内页，并没有告知学生。学生编辑库尔迈尔不服，因此起诉学校。

学生们声称学校侵犯了他们的第一修正案权利，将案件起诉至圣路易斯的美国东部密苏里地区法院。初审法院裁定，由于这些文章是作为课堂写作的一部分，因此学校有权力删除，并因此驳回了学生的起诉。学生们随后向美国第八巡回上诉法院提起上诉，后者推翻了下级法院的判决，认为该论文是延伸到学校围墙之外的“公共论坛”。上诉法院认为，只有在极端情况下，学校官员才能审查内容。因此，学校向联邦最高法院提起上诉。

联邦最高法院形成了 5 : 3 的判决，支持了学校。法官拜伦·怀特（Byron White）和其他四名法官的意见认为，基于客观事实，校长删除整两页内容是合理的选择。联邦最高法院认为，在具体的案件中需要区分学生在学校里的个人表达和学生的演讲。学校中的个人表达受到廷克案所确立的标准的影响，除非它严重干扰学校的教学秩序或涉及严重的混乱或侵犯他人权利，学校才能对其进行限制，因为这涉及更广泛的公共利益和保障学生的自由表达权利。但相反，在一般情况下，学校具有教育教学的特殊环境，对每个学生来说，安全健康的校园环境是有益的，包括语言环境。因此，学校可以合理地限制学生在学校赞助或校园环境中的演讲，以实现其合理的教学目的，这可能包括限制不适合学生年龄和成熟水平的材料，以防止学生和公众错误地将个别发言者的观点归咎于学校。由于这样的活动是学校资助的，学校也需要承担相应的责任。

本案争议的焦点在于区分和判断学生言论的性质，从而讨论其内容是否应受限制或约束。联邦最高法院首先审查了这个案件中学生是否属于在“公共论坛”中表达自己。由于每一期校刊规定需要经校长审核，同时这一活动也是新闻课程学生必须参与的，因此编辑和出版校刊的行为“很可能作为学校课程的一部分。他们是否发生在传统的课堂环境，只要他们由教员监督，旨在传授学生参与者和观众特定知识或技能”，如“学校主办的出版物、戏剧作品和其他表达活动，学生、家长、公众有理由认为应该接受学校的认可。”联邦最高法院认为，只有当学校根据政策或实践将学校设施开放，供一般公众或部分公众，如学生组织任意使用时，学校设施才可被视为公共论坛。因此，联邦最高法院认为学校基于课程而设立的报纸，并非“公共论坛”，仅仅是为了课程交流目的而设置，学校官员可以对学生、教师和学校社区其他成员的言论施加合理的限制。在这种情况下，学校官员对该刊物的审查并没有违反法律法规的规定，因为这一出版物是“教育课程的一部分，是在新闻教师的控制下进行的常规课堂活动”。学校并没有要开放报纸版面给公众或者让学生记者和编辑，或学生团体随意使用。因此，学校官员有权以任何合理的方式调整论文的内容。

联邦最高法院审查分析学校的行为是否符合学校教育的根本目的，以及并不显著违反或影响学校的正常教学秩序。在实际判断中，法官可能主要根据教育行业的教学规范和通用的标准来评估学校要求的合理性。在本案中，联邦最高法院认为学校保留论坛的目的是“监督学习的经验”,这实际上意味着与其他言论自由的场合并不相同。联邦最高法院明确指出,在校园内,学校言论的不同形式都是以教育教学为主要目的,在权衡言论的边界时,会将学校作为教育机构的本质纳入考虑的范围之内,“教育者在学校主办的表达活动中对学生讲话的风格和内容进行编辑控制,只要他们的行为合理地与合法的教学关切相关,就不会触犯第一修正案”。

学校环境具有典型的特殊性,因此第一修正案赋予公立学校学生的权利并不自动、完全地与其他非学校环境中成年人的权利相一致,必须根据学校环境的特殊性加以适用。为了维护学校的正常运行,学校的管理者并“不需要容忍与基本教育宗旨不一致的学生言论,即使政府不能在校外审查类似的言论”。但是,联邦最高法院也明确指出,在进行学校公权力审查时,并不会仅仅因为行为发生在校内,就完全排除司法的干预。学生并没有因为进入校园而导致自身权利的完全剥夺,而需要根据整体学校的目的以及学校日常标准对其行为进行综合判断。

第七章　教师权利的变迁

教师是一种特殊的专业技术职业或者岗位。他们肩负着传授知识、培养优秀公民的重 要责任，负责传播社会主流价值理念。由于教师职业的重要性，因此在教学活动中需要进行 一定程度的政府控制，包括规范教师的言行举止和教育教学内容。特别是在基础教育阶段，教师接触到的多是未成年学生群体，因此政府尤其重视该阶段教师资格和教育教学活动的 约束。在一些国家和地区，义务教育阶段的公立学校教师会被赋予公务员身份，以明确其公 职或公务人员身份，保障其合法权益并提高教师职业的稳定性和吸引力。同时，这也能够通 过公职身份对教师享有的公共权利进行一定程度的限制，提高对教师课堂教学以及教育管 理行为规范的合法性。

在各国的法律规制中，对教师进行身份管理最重要的程序和前置要求就是对从事教师 职业的人员进行任职资格认证。通过这样的方式能够有效确立教师职业资格的基本要求，也是提升和管理教师质量的手段。由于美国宪法文本中的法律保留原则，管理公共教育的 权限由各州政府保有，因此与区域直接相关的教育法令均由各州政府制定，各州也因此能够 出台相应的教育标准或者教育政策，对教育体系以及如何有效配置教育资源进行优化。一 般情况下，美国各州立法机构通过制定教育法律，在各州宪法的框架下制定本州教育系统的 基本方针，教育组织以及基本教育制度，在根据不同的权力划分和政府治理的原则交由地方 教育行政部门或者学区具体执行。教师任职资格就是其中一项重要的教育制度，也是政府 公共权力行使的重要范围。如果在公立学校中取得教师职位，预备教师必须取得州政府颁 发的、有效的许可证或者资格证书①。

① 秦梦群. 美国教育法与判例[M]. 北京：北京大学出版社，2006.

美国各州政府负责立法对教师任职的资格条件进行基本规范，通过立法程序明确本州 内公立学校任职的教师任职的基本要求，并设立专门机构或者委托专门机构依照法定流程 对教师资格申请人及其申请材料进行审核认证。虽然各州的要求不尽相同，但是从根本上 来说，教师资格认证的主要目的在于确保从事教师职业的人员在专业能力与道德品行两个 方面能够能满足政府对教师职业的要求，这是政府控制教育教学质量的手段之一。

一般而言，美国各州政府都要求申请教师资格的申请人需要完成经过一定程度的教育 学相关课程学习，通过教师培训或者师资培育课程作为必要前提。而且，这些课程一般都由 权威机构或者是政府认可的第三方机构、行会组织认可，只有参与了经过认可的教育课程才 具有申请教师资格的基本条件。候选人需要具备良好的身体素质，良好的行为表现和品行，通过政府设立的申请程序后，才能取得教师资格。其资格与认证过程都由各州的法律规定。 甚至有一半以上的州需要通过一门或者多门考试来认证教师的素质。由于教师的素质对基 础教育阶段非常重要，承担着非常艰巨的任务和负担，为早期学生知识体系和技能的构建非常关键。

因此，各州政府确定教师认证的基本标准和框架，然后按照不同的程序进行认证。例 如，马萨诸塞州要求候选人在获得学术教师最初执照之前必须持有经认可的学院或大学的 学士学位，并且该学士学位的文理专业或跨学科专业必须与教学领域相适应。小学教师必 须具备美国和世界文学、美国和世界历史、地理、经济、儿童发展、科学和数学等学科知识。 在大多数情况下，初中和高中教师需要在其专业领域获得教师资格证。同时，所有申请教师 资格证的候选人都必须通过适用于其学科领域和水平的马萨诸塞州教师资格证考试（MTEL）。

同时，为了保障个人迁徙自由权利以及禁止州际之间的交流限制的宪法原则，美国各州 之间也会签订相互认可教师资格的法律规定，或者公布教师资格证书互惠政策（license reci- procity）的明确要求。教师执照互惠制度由国家教师教育和认证主任协会(National Associ- ation of State Directors of Teacher Education and Certification, NASDTEC)管理,促进了教育 工作者在各州之间的流动。虽然大多数州都有互惠原则,但州际互惠并不是自动和无条件 的。如果教师想要在一个他们目前没有执照的州教书,他们必须申请新的执照,特定州的教 师执照机构通常会逐案审查教师证书互惠的请求。因此,在实践中,不同州的教师资格许可证互惠政策规定了本州认可的条件有哪些。通过相互认可基本的教师任职标准,进而促使各州之间教师资格在实质上趋向于统一。因此,虽然在法律上各州教师资格制度各自独立,但在理念和标准上存在内在的一致性。

如果教师通过了任职资格的前置审核获得了教学许可,在学校任教就需要签订合同成 为学校的雇员,建立正式的劳动法律关系。教师合同是教师与学区之间确立正式聘用关系 的法律文本,美国的学区都与教师签订书面合同,其中载明教师与学校的各自的权利和义 务。在美国,各州都可以灵活地制定法律法规和政策规定来确定教师合同应该包括哪些内 容,构成教师合同条款的基本框架和外部要求。一般而言,普通的教师合同中包括合同期 限、工资、班级人数上限、工作条件、学生管教职责和限制以及申诉制度等内容。这些聘用合 同中有些具体的内容是各地区教师工会通过集体谈判权和学区协商决定的,凡是签订此类 合同的教师,即使没有加入工会,也将受到这些条款的保护。

教师与学区之间形成的聘任合同关系受到严格的劳动法保护,合同中非常重要的一点是聘用期限,即合同期限。根据相应的规定,美国教师聘任合同大致可以分为三类:短期合同(试用合同)、定期合同和持续合同。不同类型的合同期限享有的权利义务基本相同,但职业稳定性不同,因此可以预期远期利益有一定差异。

短期合同通常适用于新聘用的教师,对于他们来说整个专业和职业生涯都是新的,也适用于那些最近刚刚调动到新学区的、在被聘用到新学区之前的 8 年里在公立学校的教学工作经验不足 5 年的教师。这类合同通常为期一年,如果符合学校要求,这些老师就有机会续签两个为期一年的额外合同,最长期限为 3 个学年,相当于三个试用期合同。根据法律规定，这种类似试用期合同只能连续四年，超过四年之后，学区就有法律义务提供一个定期合同或一个持续合同。

定期合同通常与试用期已过的教师签订。由于法律不允许学区与教师签订为期超过四年或超过四次的试用期合同，因此在连续签订试用期合同的第三年年底会提出定期合同。定期合同通常持续五个学年，绝不超过这个期限。如果教师拥有五年以上的教学经验但尚未超过八年，只要签订一个试用合同就可以签订定期合同。

持续合同是一种在合同上不规定劳动期限的合同，这意味着在这种合同下的教师可能不必担心合同的年度续签或再次聘用问题。根据合同的约定，从教师第一次签署合同开始直到教师辞职、退休或未能按地区规定方式履行职责为止，教师将持续享有同样的合同权利。这种合同可能包含永久雇佣的含义，类似于终身任教或获得终身聘任的状态，因此也被称为终身合同。

同时，教师和教育行政机构签订雇佣合同时有一定的基本要求和限制。其中包括：不得兼职的要求、身体健康要求、本地居住要求、接受分派要求以及接受评估要求。当教师违反合同条款或未达到上述要求时，可能面临解雇的风险。然而，由于教师工作权利受到法律严格保护，一旦学校或学区在没有充分理由或违规情况下解雇教师，学区将面临法律诉讼的风险。若诉讼涉及宪法原则，就会升级为宪法诉讼。

在隐私权方面，教师作为公务员往往在学校范围内对其隐私权的保护受到一定限制，但作为从事教育教学的专业人士，他们在自己的工作场所（例如办公室、档案柜等）合理地保有一定隐私是有必要的。这一基本原则在联邦最高法院的欧康纳诉奥特佳案中得到认可。该案是关于政府雇员在工作场所进行行政搜查权利的裁决。联邦最高法院以 5 : 4 的票数裁定公职人员保留了第四修正案中的权利。法官桑德拉·戴·奥康纳的多数意见建立了一个“操作现实”的测试标准，确认政府作为雇主必须满足较低的合理怀疑标准。尽管这一标准没有形成具有约束力的先例,但在后来涉及实际搜查的案件中,下级法院通常遵循奥康纳的"操作现实"测试。

随着现代学校中各种安全问题的出现,学校开始大量引入监控设备并广泛使用搜查手段以保护学生的安全,这也引发了有关教师和学生隐私权的争议。在学校管理有效地利用监控设备提高效率的同时,如何避免侵犯教师的隐私权成为持续讨论的话题。隐私权是否与其他同等重要的宪法权利发生冲突等问题,也成为最新理论和实践研究的热点问题。

第一节　教师表达的规则

由于教师承担着传播社会主流价值观的使命,特别是中小学的教师在进行学科教学时,采用各自不同的方式传授具体知识的过程中,如果超越教学指导纲要的内容,就可能面临管制、处分甚至是解聘的风险。1968 年,皮克林诉教育委员会案中,联邦最高法院的判决首次单纯地涉及了教师第一修正案的自由表达权利对教师的聘用问题进行审查,因此具有典型意义。在随后的 1979 年的吉弗汉诉西线康索兰学区案中,联邦最高法院明确地将教师享有的第一修正案的自由表达权利扩展到了私立学校的教师。

在联邦最高法院看来,由于普通公民受到美国宪法第一修正案"言论自由"条款的保护,因此,学校教师即使身份特殊,但其作为公民也不应该被宪法"言论自由"条款保护所排除。也就是说,作为校园活动最重要的主体之一,教师的表达权利是受到宪法保护的。虽然作为专业人士在课堂上需要规范自身言论,但总体上而言,其言论自由的法律框架和基本权利并没有因为其身份的特殊性而受到特别的限制。因此,当教师因其言论或者表达而受到相应管理处分时,学校方需要本着审慎的态度进行审查,运用和使用基本的法律原则,否则将可能面临司法审查的风险。

在美国,皮克林案是有关教师表达权的重要判例,联邦最高法院适用宪法第一修正案对学校的行为进行审查。事件发生在伊利诺伊州威尔郡，本案的上诉人马文·皮克林(Marvin Pickering)是伊利诺伊州威尔郡 205 区市镇高中的一名教师，其所在的学区为了筹措两所新学校的经费，希望能增加地方财产税的税率，却被当地学区居民投票否决。为争取更多的经费，地方政府再次提出了增加税率的动议，同一时间，学区与一些地方教育组织也持续发表声明表示支持并反复强调增税的重要性，但仍然被当地居民所否决。当事人皮克林针对此事件以及学区声明向当地报纸致信，批评地方学区教委会在教育和体育项目之间分配经费的方式不当，尤其批评寻求额外税收的真正原因是投资体育活动太多，才导致没有足够的经费新建学校。他同时也指控教育局长试图打压反对增税的声音与意见。

学区教育委员会召开听证会，指控皮克林散发诽谤言论，确认皮克林向报社致信的内容存在诸多不实的地方，构成了对学区"动机、诚实、正直、真实、责任和能力"的诽谤，因此解聘了与其的合同。在教育委员会看来，皮克林写给报社的信中含有"虚假陈述"，这种行为毫无道理地指责了学区委员会和学校的行为，对学区管理和运营的效率有害作用，因此基于学校利益对皮克林的解雇是必要的。虽然皮克林坚持认为这是他所拥有的宪法第一修正案所载明的权利，但教育委员会并不接受他的申辩。

皮克林因此提起了诉讼。伊利诺伊州地方法院法官认为皮克林的行为确实对学区利益造成了伤害，因此解聘的决定并不违法。伊利诺伊州最高法院中有两名法官发表了反对意见。主要判决认为原告的身份使其表达并不完全受到宪法第一修正案的保护，因此主要关注于教育委员会的结论的合法性和合理性，并认为皮克林的表达"损害了学校的最佳利益"。地方法院同时认为，原告作为一名公立学校的教师应当避免发表有关学校运营的言论。作为公务人员的教师必须对"教育委员会所作决定的批评有所节制"。同时也承认，"在没有这样的职位的情况下，他无疑有权发表这种言论"。

公立学校的教师同时具有公务人员和教师的双重身份，因此，这个案件引发了一对核心价值之间的冲突:作为公民个体的教师与作为州政府雇员的教师之间如何平衡不同的价值观? 当两者发生冲突时应如何处理? 这个关乎教师身份的价值问题无疑对联邦最高法院的法官也具有强烈的吸引力。因为本案而对政府雇员的行为将会形成具有指导性的法庭意见,因此联邦最高法院的处理也非常谨慎,需要仔细权衡其中涉及的利益。

在联邦最高法院看来,这一案件的核心价值已经被其他前述的一些案件所确认,公务人员的身份并没有否定其基本的宪法性权利。联邦最高法院认为学校管理者限制教师参与公共辩论机会所获得的利益,并不比限制社会任何成员参与类似辩论而获得的利益更为显著。学校关于限制教师参加公共辩论的机会的决定,必须是重大而紧迫的利益选择,否则这种限制就并不合理。

美国联邦宪法第一修正案明确规定:“国会不得制定……剥夺言论或出版自由的法律……”,确定了公民享有言论自由与出版自由的基本权利。言论与出版自由作为美国宪法中基本的权利条款,立法机构和行政部门在行使权力的过程中应严格遵守,而司法机关则可以通过司法审查的权力对前两者的行为进行审核与评价。但即便如此,言论与出版的权利在不同的社会发展阶段的自由程度并不相同。虽然公民的自由表达权利受到宪法保护,但联邦最高法院在判例中也明确表示,这样的保护并不包括“诽谤性言论”。由于联邦宪法第十四修正案规定:“……无论何州不得制定或实施剥夺美国公民特权或豁免的法律”,这将联邦最高法院对公民权利保护相关案件的审查权限范围扩大到了州立法机关和州政府的行为之上,在联邦层面和州层面同时适用。在美国各级政府的教育治理过程中,凡是涉及州公权力机关对公民基本权利的减损,都需要受到第十四修正案的“正当程序”条款的约束,并以此为基础,接受联邦最高法院法官依据宪法原则对其行为进行的司法审查,对教师表达权案件的审查也是如此。

受到联邦最高法院“沙利文原则”的影响,在学校教育教学管理活动中,如果存在因言论所引起的有关纠纷,学校管理者、政府官员就容易被法院认定为“公众人物”或具有类似的属性。教师对这些管理者发表不同意见将成为更容易受到保护的群体,对其言论存在主观恶意的举证将会比较困难,也需要更高的审查标准。

因此,根据联邦最高法院的判断,在皮克林案中所描述的情况下,没有证据表明教师故意或无意进行虚假陈述,因此他们对于公共事务中的重要问题的表达是受到保护的,不能因此解聘公职。这意味着公立学校的教师首先是公民,拥有公民的基本权利。联邦最高法院的法官们认为,除非有明显的证据表明员工故意且草率地歪曲事实,否则员工有权讨论与公共福利或公共议题相关的问题。第一修正案同时保护言论自由和出版自由,这意味着制宪者倾向于保护各种形式的表达,无论是口头的还是书面的[①]。

联邦最高法院的皮克林案在言论自由问题上起到了转折点的作用。在皮克林案之前,法院认为教师在言论方面的自由虽然受到限制,但仍应受到法律的保护。在审理与言论自由相关的案件时,法院主要从真实性、相关性和危害性三个方面进行实质审查。由于没有明确的证据表明皮克林向当地杂志致信的行为显著损害了教育委员会成员的名誉,因此只能将其行为视为一种意见的表达。从皮克林致信行为的实际效果来看,也不存在阻碍或影响教育委员会运行的客观事实。因此,基于这样的判断作出解雇皮克林的决定违反了宪法原则。联邦最高法院进一步明确表示,即使对于公众关心的问题的错误陈述,如果没有证据表明当事人是“故意的或者粗心大意”做出的,也不能成为解雇的理由。这一论点也充分符合了沙利文案中确立的审查新闻报道和观点表达的基本标准,法官们试图在教师行使公共事务和教育教学职责之间找到一种平衡点。

皮克林案之后,许多教师常常依据宪法第十四修正案向教育行政主管部门提起诉讼。然而,在1977年的黑尔士山城市学区诉多伊尔案中,联邦最高法院确立了“即使教师的言论自由受到宪法保护,但如果存在其他合法的解雇原因,学校仍然可以解雇涉案教师”的审判原则。在这种情况下,表达权不再是衡量教师是否

① (美)安东尼·刘易斯. 批评官员的尺度:纽约时报诉警察局长沙利文案[M]. 何帆,译. 北京:北京大学出版社,2011.

符合合同任职资格的唯一标准,教师的任职资格和解雇原因得到了全面审查。如果有充分的证据表明教师不符合任职标准,并且与此同时不适当的表达只是解雇、停职或处分等处理措施的原因之一,那么对教师采取相应处理意见仍然是合法的。

特别是在黑尔士山案中,联邦最高法院确立了举证责任应该由被解雇的雇员承担的原则,也就是说,被解雇的雇员必须提供证据证明他的行为受到宪法保护,这是教育行政主管部门解雇他的重要原因。通过设定这样的标准,更加详细地划分了教师雇佣纠纷诉讼案件中举证责任的分担方式。在黑尔士山案中,联邦最高法院驳回了下级法院的判决,原因是目前的证据无法证明教师不被续聘的结果与他受到第一修正案保护的行为有关。

法官威廉·H·伦奎斯特(William H. Rehnquist)在黑尔士山案中撰写了联邦最高法院的一致裁决,并在裁决中指出,涉案教师道尔所主张的第一修正案和第十四修正案并不适用于学校拒绝续聘他的情况。引用皮克林案,伦奎斯特认为,决定政府雇员的表达权利是否受到宪法保护(特别是在学校环境中),需要在教师的利益和国家的利益之间取得平衡。教师作为公民的利益在于对公众关心的事项发表评论,而国家作为雇主的利益则需要通过雇员促进公共服务的效率。伦奎斯特认为,道尔有权与广播电台沟通,但下级法院的记录并没有清楚地说明这种沟通对拒绝道尔续聘的决定至关重要。换句话说,伦奎斯特表示,学校可能有合法的理由解雇多伊尔,不论他对电台的评论是什么。这也意味着,即使没有第一修正案保护的表达行为,学校的管理者也可能做出相同的决定。

长期以来,美国司法体系一直在维护言论自由的合宪性。在斯奈德诉菲尔普斯案中,联邦最高法院坚持了沙利文案的基本原则,即“对公共事务的讨论应当不受抑制、充满活力并广泛公开”。康尼克诉迈尔斯案中,联邦最高法院确认了在第一修正案的价值体系中,关于公共事务的言论属于最高层级,应该受到特别的保护。因此,在吉弗汉诉西线康索兰学区案中,联邦最高法院进一步完善了皮克林案确立的判断标准,将教师的公共言论和私人言论进行了区分,进一步细化了法院审查教师表达权的标准。

该案件的当事人吉弗汉是密西西比州一名初中英文教师。她平时经常向学校的行政官员抱怨学校的种族隔离政策,以及自己因为种族原因而受到的歧视和困扰。学区和地方教育委员会认为吉弗汉经常以恶劣态度对待学校方面,并提出了不合理的要求,对学校政策不合作,因此解雇了她,随后引发了诉讼。为了证明解雇的理由,学区提出了吉弗汉与校长之间的一系列私人会面的证据,在这些会面中,吉弗汉提出了一些“琐碎和不合理的要求”,校长用各种方式描述她的行为为“侮辱”“敌意”“大声”和“傲慢”。

联邦地方法院并不认同教育委员会的说法,认为解雇的主要原因是申诉人对学区的做法和政策的批评,而教师针对自身受到种族歧视的疑义表达看法的权利应受保障。尽管皮克林案和黑尔士山案都强调了公共议题的重要性,但这两个案件都没有明确公立机构员工私下批评与公开表达之间的区别。因此,如果学区委员会解雇教师的决定基于其私人言论,实际上侵犯了该教师的言论自由权。此案上诉至联邦最高法院时,联邦最高法院根据皮克林案、佩里案以及黑尔士山案确定的原则认为,教师如果只是私下表达不满,并不受宪法第一修正案的保护,教师应该通过适当渠道公开表达立场。上诉法院认为,因为这些观点是私下向上级表达的,宪法没有授予将“即使好的”想法强加给不愿意接受的人的权利。由于联邦地方法院与上诉法院意见不同,该案件上诉至联邦最高法院。

联邦最高法院在吉弗汉案中重新审视了皮克林案的判决,认为作为公立学校的员工,在表达公共观点时,如果声称其宪法上的言论自由权超越州教育利益,那么必须以“希望促进所处团体效率”为前提。可以看出,联邦最高法院的法官仍然延续并坚持了皮克林案中从行为人个体的主观意图出发进行判断的标准,并在皮克林案明确的“实际恶意”原则基础上对个人的言论自由权进行了深入的解读,从主观恶意的证明过渡到自由表达的目的性必须是公共性的,同时也应当具有公共利益。

吉弗汉案的判决意味着，公立机构员工的言论如果基于公众关心的议题，应受宪法保护。但是，如果仅仅与个人利益相关的议题，联邦最高法院认为其并不是评判教育当局对员工个人言论处理是否恰当的合适机关，进而通过回避判决来确认之前判决所认可的违宪审查原则。这也意味着，如果公务人员与雇主私下沟通，而不是公开表达观点，只要涉及公共关心的话题，也不会失去第一修正案对政府剥夺言论自由的保护。

第二节　正当程序的运用

所谓的“财产权”（property right），指的是根据州法律、规章或契约创设的合理财产利益。受到洛克思想深刻影响的美国司法体系中，坚持自然法经典学说的法官们坚信个人对财产、自由和安全享有自然权利，而保护这些权利免受政府侵犯是法律的职责所在。美国宪法第十四修正案强调，当公民的财产受到剥夺时，必须适用“正当程序”条款。

针对学校教师，他们的教师职位与其他社会职位具有相同的经济属性，与个人的收入和职业发展密切相关，因此具有显著而典型的财产利益。举例来说，如果学校通过合同授予教师终身职位，那么教师因为获得了明确的职位保障而拥有财产权。终身职位意味着除非有特殊情况，否则学校不能解雇教师，因此教师的职位具有明显可期待的持续利益。因此，在涉及教师解雇时，必须遵循“正当程序”原则。罗斯案就是一起涉及如何明确应用“正当原则”的教育领域联邦最高法院案件。

1968 年，大卫·罗斯被威斯康星州立大学奥什科什分校聘为助理教授，他的聘用合同明确规定为一学年的固定期限。在罗斯的聘期结束后，学校在未举行听证会的情况下告知他下一学年不再聘用，并未提供不予续聘的理由。于是，罗斯向联邦地区法院提起诉讼，认为学校不续聘的决定主要是因为他批评学校的行为，因此不续聘实际上是一种惩罚，侵犯了他享有的第一修正案言论自由权。他还认为，学校的解聘决定没有给予适当的理由、通知和听证机会，侵犯了联邦宪法第十四修正案所保障的程序正当程序。

学校在法庭辩论中认为，根据大学章程规定，针对教师不续聘的决定无需说明理由，也无需进行听证。而且作为州立大学，学校的管理依据威斯康星州法律进行，威斯康星州的教师被视为公务员，但教师只有在连续工作 4 年、每年续聘的情况下才能获得长期任职资格。这也意味着根据现行法律和合同约定，罗斯作为短期合同的签订者没有要求续聘长聘职位的权利。根据州法规定，罗斯不能要求除一年雇佣期限外的其他事项。联邦地区法院支持了罗斯案中关于正当程序争议的判决，并命令大学为罗斯举行听证会，并提出不续聘的理由。联邦上诉法院维持了该判决。

案件上诉至联邦最高法院后，联邦最高法院以 5∶4 的判决推翻了联邦地区法院的判决，认为正当程序原则并非普遍适用，而只适用于第十四修正案保护的自由和财产利益受到剥夺的情况。一旦涉及这些利益，就应要求事先进行听证。但这些利益的范围并非无限制的。在决定是否适用正当程序的规定时，首先必须研究利益的本质，而不仅仅是利益的重要性，只有这样才能判断该利益是否属于第十四修正案所保障的“自由”和“财产”。这也意味着，罗斯不被续聘对他本人来说是一项重大的财产损失，但在确定是否应当提供正当程序保护时，需要仔细分析他的损失的财产属于何种性质，本质分析的重要性超过利益本身的大小。

联邦最高法院认为，州政府拒绝继续聘任罗斯时，并没有对其做出任何指控，也没有对该教师的人格和品行进行“污名化”。因此，其他人及其潜在的雇主并不会因为罗斯没有续聘的事实而对其本人形成负面看法，因而不会使罗斯的社会地位及人际关系受损。也就意味着，如果州政府因为包含不诚实、不道德等内容解雇教师，则可能涉及对其自由利益的侵犯，由于具体的指控或者污名化将会影响其后续就业，进而真实地侵犯其财产权。如果在这样的情况下，法院认为正当程序所要求的通知与听证就成为必备前提，才能够使当事人向学校关于解释和反驳对其的指控，并提出必要的证据证明其观点。

从程序上来说，为满足正当程序条款的保护而设计的通知与听证活动的目的就是要提供给个人澄清名誉或者洗刷污名的机会。虽然雇员能够在听证会中洗清名誉，但是雇主仍然可以因其他原因拒绝继续聘用。本案中，威斯康星州立大学奥什科什分校拒绝继续雇佣罗斯时并没有说明原因，因此在事实上并没有使他丧失寻找其他工作机会的自由，也没有引述任何规定阻止罗斯取得在其他州立大学或其他机构的工作机会。因此，本案不续聘的事实在本质上并不涉及自由权利和财产利益问题，当事人罗斯也就自然无权要求正当程序的保障。

最终，联邦最高法院判定公共教育机构的雇员在对于未来就业是否存在期待时，如果超出了雇佣合同中明确规定的范围，那么并没有应当受到宪法保护的财产利益。通过罗斯案，联邦最高法院确定了“无终身任职合同，无程序保障”的基本判断标准。在签订短聘合同的条件下，教育委员会可以根据明确的合同约定自行决定是否对该名教师续聘。罗迪斯案的法官认为，一般情况下，如果不希望继续与教师履行劳动合同，那么教育委员会和学校只需要在合同届满前通知教师不再续签雇佣合同即可。甚至并不需要做出任何解释。可见，是否签订终身任期合同是正当程序所保障的重要前提和利益来源之一。如果教师被授予终身任职合同或者在短期合同执行的过程中，教育委员会和学校就不能轻易地取消合同。特林布尔案的法官认为，单方面取消合同意味着对教师的解聘而非不续聘，那么就需要告知当事人具体解聘事由并且必须给予听证的机会，而法院则需要对可能存在的财产利益损失进行评估。可以说，正当程序是用来维护个人基本就业权和其他自由权的重要保障性制度设计，确保合法聘用的员工同样经过合法正当的程序解聘是法院的基本职责之一。

联邦最高法院此前大量判例都明确了“财产利益”的属性与要求。一旦要获得财产利益，那么当事人对这些利益必须有正当的请求权（合法权益），不能只是单纯具有抽象期待。本案中，威斯康星州立大学奥什科什分校与罗斯的聘用合同载明雇佣期限于7月30日终止,而且与此同时州法和大学章程以及学校的规章条款并没有明确授予也没有暗示罗斯具有续聘请求权,这意味着罗斯在事实上并没有明确的可期待利益,因此学校对罗斯不予续聘不组织听证会是合法有效的。

在同一年,联邦最高法院审理了佩里诉辛德曼案。辛德曼在州立大学系统工作了10年,在最后四年中作为一所初级学院的教授,签订了每年续签的书面合同。在佩里案中,联邦最高法院认为公立大学董事会没有理由也没有举行听证会来解雇辛德曼,这一行为违反了宪法。法官波特·斯图尔特驳回了学校官员认为辛德曼没有获得终身任职或签订就业合同权利的意见。联邦最高法院明确表达:"敖德萨学院虽然没有终身教职制度,但学校的政策和传统惯例证明辛德曼获得终身教职的地位是显而易见的,学校在做出不续聘决定时,应当给予听证的机会。"斯图尔特赞同辛德曼的主张,认为该案应当发回下级法院审理,以便对辛德曼提出的第一修正案权利进行全面探讨。几个月后,敖德萨学院董事会与辛德曼达成了和解,以48 000美元的价格。

罗斯案和佩里案两个案件看似相似,但根据案情分析,两者签订合同的本质属性不同,从而导致两位教师所拥有的财产利益和期待不同,进而对不予续聘的程序要求也存在程度差异。因此,联邦最高法院在同一时间通过这两个类似的案件明确了教师解雇和续聘问题是否需要以及如何适用基于"正当程序"的基本条件和判断标准。美国传统上采用特权理论来衡量程序是否正当,在这样的理论指导下,权利与特权的区分是传统正当法律程序用来划分个人利益是否应受保护的界限[①]。在联邦最高法院看来,如果充分的证据证明当事人有续聘的期待,那么对其不予续聘就需要满足程序性要求。在佩里案中,因为官方规则和培养导致的理解,当事人能够证明学校存在事实上的终身教职政策,这使他有机会证明他要求工作终身教职的合法性,也因此使学院有义务为他提供要求的听证会以及告知不被留任的理由。

---

① 王名扬. 美国行政法[M]. 北京:中国法制出版社,1995.

虽然终身聘用合同和终身任职制度对教师个体的保护程度相当高，但如果拥有终身雇佣合同的教师没有满足合同的基本要求，或违反了基本的道德和学校制度要求，其继续聘用的权利也无法实现。联邦最高法院在哈拉独立学校区诉马丁案中也确认了这类诉讼并不在正当程序保护的范围内。随着一系列案件的判决，联邦最高法院进一步提出了程序要求的“基本要素”。在适用范围上，联邦最高法院认为，原则上无论何时解雇长期聘用的教师，或解雇在合同履行过程中的教师，都必须符合宪法中正当程序的规定。此外，联邦最高法院在马修斯案中坚持认为，在衡量这类案件时必须兼顾个人与政府之间的利益，而行政程序的详细规定本身也与听证具有一致性。由于具有公务人员的身份，教师的具体解聘方案取决于各州法律的具体规定，并结合教师面临的实际情况来实施，但无论如何都需要针对其合同情况实施最基本的程序要求。

随着解雇教师的纠纷逐步增多，教师群体的特殊性也逐渐引起社会的关注，美国教授协会（American Association of University Professors，AAUP）成立，旨在保护高等教育领域教师的学术自由以及对院系管理的参与权等教师在学校中所应当具有的基本权利。该协会于 1940 年发表了《学术自由与终身教职的原则声明》，对终身教职作了原则性规定，也被大部分学校所采用，成为行业内通行的基本标准。声明确定，“大学的教师和研究人员经过最长不超过 7 年的试用期经同行评议就应享有永久的任职资格，除非由于财政危机或教师个人的道德原因之外终止任期必须有充足的理由”①。1958 年，美国教授协会再次发表了《解聘教师正当程序的声明》，对大学解聘教师的条件与程序作了限定，为解聘教师的程序提出了必要的建议②。在马修斯案中，联邦最高法院认为，只要在程序上为各方提供了充分的时间和有意义的方式，让各方有机会被听取意见，审理或判断基本上就应被认为是

① 李子江. 论美国学术自由的组织与制度保障：AAUP 及其关于学术自由和终身职的原则声明[J]. 比较教育研究，2003(10)：19-23.

② 杨凤英，毛祖桓. 美国高校教师权利的维护：以美国大学教授协会活动为例[J]比较教育研究，2008(2)：61-62.

公平的。同时,在斯兰尼诉国际业余田径联盟案中,法官也认为,宪法的正当程序原则并不要求在任何情况下都必须听取当事人的证据。

在美国,自 20 世纪 60 年代开始,学生权利和教师权利意识逐渐兴起。在此之前,无论是教育资源还是高等教育,在被视为稀缺资源的时候,学生或教师很难与学校董事会或其他决策层进行直接沟通,并且缺乏充分的议价能力。因此,在"特别权力关系"理论的影响下,教师只能被动接受学校分配的各种工作任务,服从学校的安排。同时,特权理论认为个人从政府那里获得的大多数利益,例如继续在政府中任职或继续获得社会福利,都是政府可以在任何时候以任何理由剥夺的"特权"。因此,在美国的司法实践中,一旦涉及特权理论,通常并不需要进行听证程序。甚至在麦考利夫案及其之后的相当长一段时间里,联邦最高法院坚持认为,雇佣关系不属于正当程序条款保护的范围,可以在没有任何程序保障的情况下终止雇佣合同①。

随着市场的发展和高等教育入学率的逐步提升,美国在 60 年代开始从精英教育过渡到大众化教育,高等教育市场的观念发生了变化,高等教育中的"消费主义"逐渐出现。与此同时,工业革命带来的社会观念变化开始影响高等教育的教学、科研和社会服务等功能的实现。作为现代社会重要的民事关系主体,高校摆脱了象牙塔的身份,开始主动融入社会发展的潮流。在民权运动兴起之后,特权理论和特殊权力关系理论开始瓦解,并被"合理期待理论"和"资格理论"所取代,教师个体的权利保障也逐步完善起来。

事实上,联邦最高法院的判决综合了合理期待、资格和合同的宪法保护原则,超越了传统英国法意义上基于"合理期待"的当事人权益问题。通过结合美国法治体系的总体框架和原则,并对这些不同类型权利的核心价值进行综合评价,联邦最高法院不断尝试构建符合美国社会实践的司法原则和标准体系。在佩里案中,联邦最高法院的判决承认财产权意味着被现行规则或共识所保护的广泛利益。如

① ERNEST GELLHORN, RONALD M.LEVIN. Adminsitrative law and process[M]. 北京:法律出版社,2009.

果这些公认的规则或相互之间达成的共识表明某人有资格对某些福利提出请求，那么他在该福利中所具有的利益就是受到正当程序保护的，相应地，他有资格要求听证[①]。从行政程序的角度来看，这样的法律推理规则类似于"信赖利益保护"。如果试图剥夺那些因对行政行为或行政惯例形成的"信赖"而受到法律保护的个人利益，就等同于将其面临非法剥夺的风险，因此同样需要受到正当程序的约束。在这些案件中，这种以利于形成传统惯例所形成的信赖构成了宪法保护的利益基础。

早在 1914 年的格兰尼斯诉奥丁案中，联邦最高法院首次确认了正当程序的内涵，明确指出正当程序的基本要求是拥有被听证的机会，即"正当法律程序的基本条件是有机会发表意见"。在马修斯案中，联邦最高法院认为正当程序原则的本质要求是"当一个人处于严重侵害境地时，应当告知他并听取他的意见... 确保他们参与到他们自己的案件中来"。因此，联邦最高法院确立了判断正当程序是否适用的三个标准：

（1）必须考虑行政行为对个人利益的重要性；

（2）必须考虑法定程序可能错误剥夺个人权利的危险性，以及适用更复杂的程序或正式听证程序来减少这种危险的可能性；

（3）必须考虑适用法定程序与适用更复杂程序或正式听证程序之间的差异[②]。

随着教育领域逐步市场化，个体、家长、教师、学校和政府之间的利益冲突呈现多元化的趋势，不同的社会利益和需求在校园内外集中，使得学校往往成为争议的焦点。从联邦最高法院的司法判决来看，法官们主要根据案件涉及的核心原则对利益的性质进行判断，然后再根据这种法律上的定性对其进行程序性保护，这也成为联邦最高法院法官对教育案件进行判断的基本要素和方法。可以说，程序性保护虽然成为解决教育纠纷的核心因素之一，但适用程序性保护的基本前提是其享有宪法所保护的利益。

---

① WILLIAM F FUNK，RICHARD H SEAMON. Administrative Law[M]. New York：Aspen Publishers，2009.

② 杨登峰. 法无规定时正当程序原则之适用[J]. 法律科学，2018，36（01）：191-200.

第八章 校园歧视及其新近发展

第一节 肯定性行动的社会影响

美国是一个移民国家,从人口结构上具有典型的多样性。自殖民地时期开始的持续移 民运动塑造了移民和不同族群在美国社会发展中的特有地位,也因此建构了美国社会种族 多元的社会结构。美国的白人种族占社会总人口的74.5%,他们主要是欧洲人移民后裔,包 括少数来自北非和中东的后裔;其次是西班牙裔,他们主要来自墨西哥、古巴等中南美洲国 家的移民后裔;紧随其后的是非洲裔,他们是在新大陆殖民时期因黑奴贸易而留在北美大陆 的黑人后裔①。

由于历史原因,白人以外的族群一直处于社会经济的相对劣势地位,他们也被称为"少 数族裔"。少数族裔的美国人民长期以来都在为了提升自身的不平等地位而不懈努力。1955年到1960年间,美国黑人为了争取个体权利、反对种族隔离爆发了大规模的运动,引 起了全美社会骚动。

随着少数族裔个体权利意识的觉醒,在全面支持和争取少数族裔权利的社会运动背景 之下,美国全国有色人种促进会(NAACP)通过与法院互动不断为黑人争取民主权利。1954年布朗诉托皮卡教育委员会等一系列案件就是由这一组织推动的,也成为司法领域中 民权运动的重要代表性案件。在联邦最高法院布朗案II判决确认的"深思熟虑的速度"原则推动下,美国联邦政府和各州政府逐步认可了这一原则,开始主动改变种族隔离的社会现实,颁布一些具有明显倾向性的行政命令指导各机构推行消除种族隔离的具体措施,提升少数族裔的社会地位,以缓解大规模爆发的反对种族隔离运动。也正是在这种环境变革的影响下,"肯定性

① 袁玉红.美国积极行动政策与实践研究[D].北京:中央民族大学,2012.

行动(affirmative action)”这一概念开始在美国社会中出现,成为一种解释政府通过补偿与优待少数族裔而制定倾斜性方案的政策趋势。

肯定性行动又称为“平权运动”或者是“积极行动”,是指邦、州、各地方政府机构等为了 消除歧视、促进社会公正和实现平等,在就业、教育、政府贷款、政府工程承包等政府公共服 务提供或购买公共服务时,在基本条件相同或相近的情况下,给少数族裔(主要指非洲裔、西班牙裔和印第安土著居民)、妇女和社会弱势群体,予以差别优惠的倾斜政策。这一政策 在社会各领域都有广泛的应用,影响着美国社会生活的各个方面,政府也设立了各类不同的 机构或部门以保障这一制度有效实施。到目前为止,肯定性行动已经成为美国社会普遍接 受的一种社会公共管理的政策倾向,也深刻影响着美国教育领域法律制度的发展和法治 实践。

在民权运动的推动下,美国历史上第一个含有“优待”的肯定性行动是 1941 年罗斯福的 8802 号行政命令。这一行政命令直接禁止国防承包商在雇人时因种族、肤色及原籍而进 行歧视[①]。1961 年 3 月 6 日,约翰·肯尼迪总统颁布了 10925 号行政命令,设立了总统平等 雇佣机会委员会(PCEEO)要求政府内部或者政府项目的承包人应当采取一定的行动来平 等对待所有求职者,并对其是否执行这一政策进行审查。其中首次使用了肯定性行动的概 念。1965 年 9 月 24 日,林登·约翰逊总统颁布被称为《平等的雇佣机会》的 11246 号行政命 令,明确规定在就业、教育和政府工程承包等领域要求在联邦政府的雇用行为或联邦合同项 目的雇用行为中向所有合格者提供平等的机会,禁止因种族、肤色、信仰或民族血统而歧视 任何人,以保证平等对待所有人,成为肯定性行动中重要的法律文件。在肯定性行动的影响 下,政府政策执行过程中针对少数族裔的政策倾斜逐渐明显,内容也逐渐丰富。例如 1969 年,联邦政府颁布《费城计划》(Philadelphia Plan)就要求那些希望和联邦政府签订合同的公 司必须使少数族裔在其公司占有一定比重。而劳动部门则在 1970 年和 1971 年明确规定少数族裔所占比重必须和该族裔在总

① 王占军. 取消肯定性行动政策制定过程研究:以美国加州大学为案例[J]. 清华大学教育研究,2012,33(2):113- 118.

人口的比重相对应[①]。

从种族融合发展的历史来看，肯定性行动是美国公共治理领域的一项特殊政策，是在美国社会对“正义”“公平”等概念内涵进行深入讨论，并在对美国社会面临的现实矛盾进行深刻反思之后做出的政府决策。肯定性行动的政策倾向意味着政府作为公共治理的管理者和执行者，逐步接受了美国社会发展源于历史上对黑人等少数族裔群体存在经济剥削的现实，并形成了对其进行补偿的普遍观念。因此，在美国进入现代社会的持续发展阶段后，在这种治理理念的推动下，各项公共政策的制定需要谨慎考虑少数族裔社会经济地位的不利情况，以及历史转型过程中少数族裔作出的贡献，并对其给予适当的优待。这是对历史发展经验的制度性确认，从社会不平等的历史根源出发，寻求解决社会问题和有效推进整体公共治理的方案。肯定性行动的推出与改善黑人社会经济地位以及黑人民权斗争密切相关，而白人自由主义者的推动也起到了催化剂的作用[②]。

由于美国宪法最初的文本过多地局限于对政府权力的限制，因此并未涉及公民权利的保护。随着个体权利意识的逐步觉醒，社会开始反思宪法本身的功能和作用，直到 1866 年才出台了美国的第一部民权法案。随着社会治理运动的持续推进，到了 20 世纪 60 年代，美国社会已经意识到种族平等是不可阻挡的历史潮流，因此民权运动也在各地如雨后春笋般涌现。与此同时，布朗案及其相关案件在联邦最高法院的一致性判决意味着这种追求平等的公共治理改革运动的社会思潮已经得到了最高司法机关的认可。在 1964 年，美国政府颁布的《民权法》第六条明确规定：“任何公民都不得因其种族、肤色、出生地等在受联邦资助的机构中受到歧视”，这也是约翰逊总统签署 11246 号行政命令的重要背景。总体而言，美国在 1866 年、1871 年、1875 年、1857 年、1960 年、1964 年、1968 年和 1991 年共计颁布

① 刘梅，陈欣. 美国高校优惠录取政策探析：以贝克案的论争及其影响为中心[J]. 外国教育研究，2014，41(3)：82-91.

② 张爱民. 美国肯定性行动计划述评[J]. 南开大学学报，2000(3)：75-81.

了 8 项民权法案[①]。

肯定性行动的兴起有力地配合着美国社会政治民主的发展变革，也是美国社会解决多元融合问题的一种有力尝试，对美国社会结构的变迁有着重要的影响。然而，随着肯定性行动的逐步深入，它在制度上对少数族裔群体进行倾斜，必然会触及非少数族裔个体的利益，因此也会出现反对平权运动的声音。平权运动的法律基础是“平等保护”，通过这一原则对非洲裔、西班牙裔等少数族裔形成了事实上的制度支持，但是反对平权运动的法律基础同样基于宪法的“平等保护条款”，也引发了对非少数族裔群体逆向歧视的相关诉讼。可以说，这也是政府公共治理整体平衡与个体益需求之间的博弈，也是个体与政府之间关系从特权理论走向宪法保护的必然结果。

随着肯定性行动在行政合同领域的普及，其产生的社会影响也逐渐扩大，美国社会也逐渐接受了肯定性行动带来的变革，但也进一步扩大了不同族群对于肯定性行动效果认定的分歧。芝加哥大学的社会学教授威尔逊提出了“下降的种族意义”思想，认为在决定美国黑人经济生活机会方面，过去的种族障碍对其影响远远不及现在的社会阶级属性，种族歧视实际上只起到较小的边界作用[②]。他在后来的研究中提出，面对“种族偏好”项目越来越多地被攻击的状况，一些分析人士，包括那些支持多种族的人联盟的建立，呼吁将基于种族的肯定性行动政策转变为基于经济阶层平权政策[③]。由于美国公共教育的普及程度较高，肯定性行动也开始在教育领域产生影响，并对各个领域的公共教育实践产生具体影响，引发了社会整体风气的变革和不同群体权利之间的冲突和诉求，从而产生了新的矛盾。其中，加利福尼亚大学校董会诉贝基案是一个典型案例，它在社会领域引发了对肯定性行动

① SEYMOUR MARTIN LIPSET.Affirmative Action and the American Creed[J] The Wilson Quarterly，1992，16（1）:52.

② WILSON W J. The Declining Significance of Race：Black and Changing American Institutions[M]. Chicago：University of Chicago Press，1978.

③ WILSON W J. The Bridge over the Racial Divide：Rising Inequality and Coalition Politics[M]. Berkeley：University of Cali- fornia Press，1999.

的深思，正式提出了“逆向歧视”的社会问题。

该案件源自于1968年加州大学戴维斯分校的医学院，该医学院设立了普通招生项目和特殊招生项目，每年招收100名学生。按照普通招生项目的程序，通过总分为4.0的考试，本科生总绩点低于2.5的考生会被淘汰，只有大约1/6的申请人会获得面试机会，并由每个招生委员会成员在1-100的区间进行评分（1973年是六名委员，1974年是五名委员）。申请人的评分等级、学科平均成绩、科学课程平均成绩、医学院招生测试（MCAT）成绩、推荐信、课外活动情况以及其他相关信息都会被综合起来形成一个“基准分数”。招生委员会在审查申请人的材料和成绩的基础上发出录取通知，委员会主席负责将申请人列入候补名单，并有权增加那些具有“特殊技能”的人。特殊招生项目由一个独立委员会负责，大多数成员都是少数族裔。在1973年和1974年的申请表中，申请候选人被询问是否希望被视为“处于不利地位的弱势群体”和“少数族裔”（包括黑人、墨西哥裔、亚洲人、美国印第安人）。如果一个少数族裔申请者同时属于“弱势群体”，他将按照与普通招生项目类似的方式进行评级。然而，这些申请者并不需要达到最低GPA2.5的成绩要求，也不与普通招生项目的申请者一同排名。在1973年和1974年，约有1/5的特殊申请者获得面试机会并获得基准分数，其中最优秀的候选人会交由招生委员会进行评判，以否决那些不符合课程要求或存在其他特定缺陷的人。医学院为特殊项目预留了16个名额，特殊委员会会根据之前的规定持续推荐候选人，直到选出16名特别录取候选人。在四年的时间里，共有63名少数族裔申请者被戴维斯的特殊招生项目录取，44名被普通招生项目录取。虽然有很多处于弱势地位的白人申请了特殊项目，但没有人被录取。

贝基是一名白人男性，他在1973年和1974年向戴维斯分校申请，但只被考虑为普通招生项目的申请者。1973年，他在总分为500分的考试中获得了468分，但因为普通程序的录取者都没有低于470分的分数，所以他被拒绝了，而同年特殊招生项目还有4个空缺名额。1974年，贝基提前申请，尽管他的总分是549分（满分 600 分），但他再次被拒绝。在这两年中，他的名字都没有出现在候补名单上，而这两年特殊招生项目录取的申请者的分数明显低于贝基本人。总体上，1974 年有 42 000 人申请加州大学戴维斯分校医学院，其中 82%为白人，亚裔约占 3%，非洲裔占 5%，拉美裔约占 2%[①]。于是，贝基将加利福尼亚大学告上了法院，认为这一特殊招生政策违反了宪法的平等保护原则，侵犯了他的入学权利，并向法院请求采取强制、禁令和声明性救济。

在州法院系统的审理中，加州最高法院采用了严格的审查标准，认为戴维斯分校为了实现整合医疗行业和增加愿意为少数族裔患者服务的医生数量这一公认的令人信服的州利益目标，符合"重大迫切的国家利益"（compelling interest of the state）目标。然而，特别招生项目并非干涉程度最低的手段，其对申请者的评判标准仅关注种族身份，导致其他方面出现较大的差距。在不考虑州宪法或联邦法律依据的情况下，法院裁定戴维斯的特殊录取项目违反了平等保护条款。同时，由于申诉人无法满足其举证责任，证明被告如果没有特殊程序就不会被录取，法院下令将贝基录取到戴维斯大学。

加州大学不服，因此上诉到联邦最高法院。曾在水门事件调查案中出任特别检察官的哈佛大学教授考克斯（Archibald Cox）担任了加州大学的律师。联邦最高法院接手贝基案时面临着非常复杂的局面，共有 120 个组织向联邦最高法院递交了 58 份"法庭之友辩护状"。其中有 83 个支持加州大学实施优惠录取政策，32 个支持贝基的说法，还有 5 个组织希望联邦最高法院不要接手此案[②]。

1978 年，联邦最高法院以 5：4 的判决结果支持了贝基，宣布加州大学的特殊招生计划确实违反了联邦宪法第十四修正案的平等保护条款，构成了宪法意义上的"逆向歧视"，肯定了加州最高法院判令录取贝基的有效性。联邦最高法院的判

---

① PATRICIA MARIN，CATHERINE L. HORN. Realizing Bakke's Legacy：Affirmative Action，Equal Opportunity，and Access to Higher Education[M]. Virginia：Stylus Publishing，2008.

② 胡晓进."肯定性行动"与逆向歧视：以美国最高法院的相关判决为中心[J]. 南京大学学报：哲学人文社会科学，2008(2)：45-51.

决并没有完全否定将种族因素纳入考虑，这意味着在公立大学特别招生计划中预留名额的政策违反宪法，种族不得作为“唯一”的决定性因素，但是种族可以作为大学招生计划其中一项考虑的因素。

这样，联邦最高法院在贝基案中实现了“双赢”的结果。一方面，贝基顺利进入医学院学习，实现了宪法对个体权益的公平保护，不仅解决了贝基面临的实际问题，也同时明确了在加州大学招生政策并非完全不合理。在对社会现实中客观存在的对少数族裔群体实施的政策倾斜进行了综合价值判断之后，确认了少数族裔所处的社会经济地位状态需要通过政府措施加以弥补，从而延续了公共治理领域中肯定性行动的合宪性。

由于受到文化背景的影响，不同群体对于宪法原则的解释也可能不同，甚至完全相反。在这种情况下，宪法的基本原则就成为一种普遍的社会价值观念的强调。然而，作为公共治理的重要组成部分，是否应该在高等教育入学政策中给予少数族裔群体优惠，或者说在招生入学时考虑少数族裔群体的身份对入学标准进行调整，这是在宪法框架下需要详细解释的问题，而这项工作也落在联邦最高法院大法官的肩上。

在争取黑人等少数族裔群体权利的过程中，平等保护条款成为解释并消除白人与黑人之间鸿沟的重要工具，也赋予了这样的行动宪法层面的价值。第十四修正案的制定者初衷是在黑人种族和大多数“白人”种族之间架起一座桥梁①。

加州大学的特别招生项目旨在解决布朗案之后学校面临的多元化问题，也是促进公共治理合理化的重要手段。政府和大学都认为，学生群体的多元化有利于实现教育目标。然而，加州大学确实采用了一种“显而易见”的种族分类方法，将特定族群排除在一定的录取比例之外，因此也同样“显而易见”地剥夺了非少数族裔接受公平教育的机会。

① 邱小平. 法律的平等保护：美国宪法第十四修正案第一款研究[M]. 北京：北京大学出版社 2005.

第二节　白人抗争的持续反复

随着“逆向歧视”的概念逐渐进入公共管理的视野,2003 年发生了两起引人关注的案件,涉及密歇根大学的招生过程。这两起案件分别是密歇根大学法学院研究生招生的“格鲁特诉柏林杰”案和本科生院招生的“格拉茨诉柏林杰”案。对于这两个案件,联邦最高法院做出了不同的裁决结果。法官们在”格鲁特”案中支持将种族视为考虑因素之一,而在“格拉茨”案中否定了学校本科生院自动加分的招生录取政策。这种看似矛盾的结果反映了肯定性行动中复杂的社会价值观念。

作为全国知名的法学院之一,密歇根大学法学院受到联邦最高法院贝基案的影响,制定了一项招生政策。该政策注重评估学生的学术能力,并灵活考虑他们的才能、经验和潜力。招生官员根据申请人提交的所有可用信息进行评估,包括个人陈述、推荐信、对法学院多样性和贡献的文章,以及申请人的本科平均学分绩点(GPA)和法学院入学考试(LSAT)分数。此外,官员们还要综合考虑一些“软变量”,如推荐人的热情、本科院校的质量、申请人的论文以及本科课程选择的领域和难度。该政策没有将多样性仅限于种族和民族地位的定义,也没有限制多样性贡献类型的“实质性权重”。然而,招生政策重申了法学院对多样性招生的承诺,并特别提到了招收”临界数量”的非裔美国人、西班牙裔和美国原住民学生,以确保他们能够为法学院的特色和法律职业做出贡献。

1996 年,格鲁特向密歇根大学法学院提交了入学申请。她的 GPA 为 3.8(满分 4.0), LSAT 分数为 161 分,超过了许多其他申请者,但最终未被录取。格鲁特认为她未被录取的原因是密歇根大学法学院将种族作为招生的“主要因素”,因此认为学校的招生政策违反了联邦宪法修正案规定的法律平等保护条款,并将密歇根大学告上了法庭。

地区法院判决法学院的招生录取计划违反了联邦宪法第十四修正案规定的平等保护条款,但第六巡回上诉法院撤销了这一判决,并宣称联邦最高法院鲍威尔大法官在1978年贝基案的判决中确立的种族多元化教育原则的意见仍然具有约束力，并认为学校构建多元文化或采取倾向性政策向少数族裔提供特权可以构成国家的迫切利益。在联邦最高法院法官们看来，贝基案的先例判决并没有形成完全一致的意见，法官们从不同角度表达了自己的意见，形成了六个完全不同的观点。鲍威尔法官的关键一票否决了戴维斯分校的招生政策，也否定了下级法院不允许使用种族因素作为增强学校多元化手段的禁令。

从贝基开始，鲍威尔法官的观点一直是宪法分析中考虑种族相关的招生政策的试金石。全国的公立和私立大学都按照鲍威尔法官的观点制定了自己的招生政策，但法院一直难以辨别鲍威尔法官所提到的多样性是否具有约束力。即使如此，联邦最高法院认同在大学招生的背景下，学生群体的多样性是一个令人信服的国家利益。因此，在肯定性行动的背景下，联邦最高法院再一次强调了在政策制定和执行的过程中的"种族分类"是审查种族平等案件需要重点关注的重要标准，所有政府的种族分类都必须由审查法院在严格审查的标准下进行分析，只要其目的是为了促进政府利益而量身定制的，就不违反平等保护条款，最终确认了上诉法院判决的有效性。

然而，不同于格鲁特案，同样发生在密歇根大学涉及本科生院招生政策的格拉茨案结果并不相同。虽然密歇根大学本科生院招生录取的政策一直有变化，但大体上采用了一种积分系统的方式作为指导对学生进行评估，其中考核的标准包括：高中成绩、标准化考试成绩、高中质量、课程实力、地理位置、校友关系、领导力和种族。学校将非洲裔、西班牙裔和美洲土著裔确认为代表不足的少数族裔，几乎符合条件的所有少数族裔申请人都被录取了。最新的招生方案是对每一个来自代表性不足的少数族裔申请者都自动获得20分，满分为100分，以保证录取。

格拉茨和哈马赫都是密歇根州的白人居民，他们分别于1995年和1997年申请了密歇根大学的文学、科学和艺术学院。尽管学院认为格拉茨很符合条件，而哈马赫也在合格范围内，但两人都被拒绝提前入学，并最终被拒绝入学申请。于是他们发起了一项集体诉讼，认为密歇根大学本科生院的招生录取计划违反了联邦宪法第十四修正案规定的平等保护条款和民权法案第六条禁止种族歧视条款，提起了“逆向歧视”的宪法诉讼。

地区法院经过审理，判决密歇根大学本科生院的招生政策合宪。格拉茨于是提出密大本科生院所提及的教育多元化价值这一概念过于宽泛和模糊，在法律上的认定标准存在相当的不确定性，因此不能构成“重大迫切的国家利益”，因此继续上诉。最终，联邦最高法院以 6:3 的判决认为密歇根本科生院招生政策违宪，但联邦最高法院并没有接受格拉茨提出的“宽泛而模糊”的理由。

在格拉茨案中，联邦最高法院再次明确涉及种族问题审查的标准问题，确认了优惠录取政策在实施时必须满足被普遍接受的“严格条件”①。和格鲁特案相比，尽管格拉茨案得到了不同的判决结果，但并非否定了之前关于种族平等案的宪法原则，而是在实质上对格鲁特案提出的“潜在的附加因素”进行了必要的补充和解释。

密歇根大学本科生院则认为，由于申请者人数众多，无法对所有个案进行全面考虑②。联邦最高法院认为这是不可接受的，因为从法律的角度来看，本科生院的自动加分政策存在缺陷，即采用了基于不可改变的自然属性的“一刀切”方式，这意味着对拥有特定自然属性的群体适用统一政策，而这种方式在宪法上没有任何依据。

由于公共治理的复杂性以及美国社会结构的多元化特征，联邦最高法院在审查立法或公共政策是否符合宪法的“平等保护”条款时，提出了三种不同程度的标准：合理审查标准（rational basis test）、中等审查标准（intermediate test）和严格审查

① STEPHEN KERSHNAR. Race as A Factor in University Admissions[J]. Law and Philosophy，2007，26（5）：437-463.

② 阿奇博尔德·考克斯. 法院与宪法[M]. 山雷，译. 北京：北京大学出版社，2006.

标准(strict scrutiny test)[①]。在联邦最高法院审理的众多案件中,中等审查很少使用,一般的案件联邦最高法院主要采用合理审查和严格审查。任何需要采取严格审查标准的个案,所涉及的特定立法或公共政策必须满足两个基本原则:政府行为给基本权利造成了"实质性的负担"和所追求的目标或利益是"重大而迫切的",同时必须与该目的存在"恰当的契合"三个最基本的条件。在教育领域中运用严格审查的种族案件,针对的是基于个人无法改变的事实,如种族、性别、出生地等。为了实现校园多元化等目标,学校或政府必须证明所采取的现行手段与该目标存在密切关联且是必要的,同时也没有其他更好的可替代方案。

总结起来,在格拉茨案和格鲁特案中,联邦最高法院都认同了多元文化对学校具有非常重要的意义。由于符合重大而迫切的公共利益需求,密歇根本科生院招生中的倾斜政策需要适用严格审查标准进行进一步的审查。在现实的招生标准和程序设计中,基于特定的种族分类进行直接加分并非实现多元化教育目的的唯一手段,因此缺乏法律上的必要性和唯一性。此外,本科生院也无法证明这一做法与涉及的公共利益密切相连。必要性在联邦最高法院的洛克纳诉纽约州案中被提及,该案中联邦最高法院实际上承认1895年纽约州的糕点店法案限制工作时间对工人健康有一定的保护作用,但否认这种保护的重要程度不足以证明立法限制个人缔约自由的正当性。这意味着对关联性问题的考查成为合理性与合法性的基础。综合起来判断,密大本科生院的招生政策无法明确指出该招生政策设置的必要性,因此无法通过严格审查,也就自然违反了宪法平等保护条款。

相比之下,格鲁特案中的密大法学院通过严格考察每位申请者的主观因素和客观因素来综合考虑申请者个体的整体实力以决定是否录取[②]。这个程序采用了谨慎原则,仅将种族因素作为招生录取考虑因素之一,形成了一种灵活而又不失理性的手段。由于该方案并没有单一而机械地处理种族因素,因此符合严格审查标

① 巧芳. 平等原则在少数民族人权保障中的适用研究[J]. 复旦学报. 2011(2):50-52.

② 李昌道. 美国平权措施的宪法争议:析联邦最高法院的两项判决[J]. 复旦学报:社会科学版,2004(1):107-110.

准以及“应该对每一位申请者进行个体综合考虑”的基本原则。

从核心价值的维护上看，密歇根大学本科生院和法学院采用的具体招生方式虽然不相同，但都希望通过特定的招生方式增加校园文化的多样性。总体而言，通过程序和标准的设计，并辅以司法审查，能够尽量将无关因素排除在招生过程之外，同时也能够对“关键”因素进行审慎的考察，维护社会主流价值观的平衡，从而形成综合的招生意见和最终的录取结果，这也是平等保护条款内在的价值体现。

从贝基案开始，联邦最高法院在肯定性行动的社会氛围下，明确了种族因素在教育领域具有重大公共利益，这是对多元教育价值的认可，也是从司法系统领域认可肯定性行动的积极作为。基于多元教育和促进校园多元文化融合的原因，学校得以合法地将种族因素作为考虑招生入学等校务政策的重要因素。正是因为多元化是现代民主社会的必然要求，因此需要适用严格审查标准来判断其实施的合宪性。从贝基案的双重判决到密歇根大学两个截然相反的判决，反映出联邦最高法院在处理教育领域的种族案件中标准更加细化，也更加审慎。其所坚持的原则和创设的司法审查标准，也更加符合社会多元化发展的基本要求。

第三节　逆向歧视的融合发展

密歇根大学的两个诉讼代表了多元教育与教育自由选择和教育标准制定权之间的矛盾冲突，是教育发展与社会现实互动的重要体现，司法体系通过自身的价值选择规制和约束着社会教育政策的导向。通过对联邦最高法院教育案例的分析，能够发现得克萨斯州一直是肯定性行动法律纠纷的活跃区域，其公立体系在招生问题上一直是肯定性行动的主战场。特别是在霍普伍德案中，4名被得克萨斯大学法学院拒绝的白人申请人以平等保护的宪法理由成功地挑战了学校的招生政策。

从招生制度的历史沿革上看，数字对进入法学院学习是最重要的。在20世纪90年代初，法学院的最初录取决定主要基于申请人的德州指数（TI），这一数字是本科生平均学分绩点和法学院能力倾向测试分数的综合。法学院使用这个数字对候选人进行排名,并大致预测其在法学院获得成功的概率。当然,法学院并不仅仅依靠数字。招生办在解释申请人的分数时必然会考虑到学生本科教育的强度、专业的难度,以及学生自身成绩和所在学院本科成绩的显著趋势(如成绩膨胀)。招生人员还会考虑申请人可能会给班级带来什么品质。因此,法学院仍然会综合考虑申请人的背景、生活经历和前景。这些难以量化的因素对在录取边缘的申请人尤其重要。

从录取结果看,族群之间的差异是巨大的。根据法学院的数据, 1992 名白人申请者的平均学分绩点为 3.53,法学院入学考试为 164。墨西哥裔美国人得分为 3.27 和 158;黑人分别得到 3.25 和 157。“其他少数民族”类别得分分别为 3.56 和 160.7。这些截然不同的标准极大地影响了候选人被录取的机会。例如,到 1992 年 3 月,由于白人的推定拒绝分数为 192 或更低,而少数族裔的推定被录取分数为 189 或更高,因此,一个 TI 为 189 或更高的少数族裔候选人几乎肯定会被录取,尽管他的分数远远低于白人候选人几乎肯定会被拒绝的水平。在这一范围内的居民申请者中,100%的黑人和 90%的墨西哥裔美国人,但只有 6%的白人被录取。

法学院对少数族裔申请人的审查与白人不同。黑人和墨西哥裔美国人的申请文件并不由多元化的招生委员会进行评估和比较,而是由一个由三人组成的少数族裔小组委员会审查,该小组委员会对每个少数族裔申请人进行讨论。虽然最后的决定是由招生委员会作出,但这个少数族裔小组委员会的审核决定实际上具有终局性。同时,法学院也将等候名单按照族裔和居民进行划分,客观上增加了少数族裔等候人被录取的机会。

谢丽尔·霍普伍德、道格拉斯·卡维尔、肯尼斯·埃利奥特和大卫·罗杰斯四人都是得克萨斯州的白人居民,他们申请了 1992 年法学院的入学审核,但都被拒绝。于是他们提起了诉讼。

地方法院支持了霍普伍德和其他当事人的请求,并允许他们在不支付必要费用的情况下再次申请。地方法院首先明确评估得克萨斯大学法学院招生计划应当适用严格审查的标准,因为法学院根据申请人的肤色而区别对待是无可争议的实施。法院主要关注法学院进行招生方案设计的两个重要问题。

(1)是否服务于令人信服的政府利益;

(2)是否仅为实现这一目标而量身定制政策。

根据测试的第一个方面,联邦最高法院认为法学院提出的五个理由中有两个符合宪法要求:(1)"从不同种族和民族的学生群体中获得教育利益";(2)"克服过去歧视的影响的目标"。在第二个理由上,联邦最高法院驳回了法学院的论点,认为对过去歧视的分析应限于法学院自身。相反,联邦最高法院认为得克萨斯州的"高等教育机构与系统中的中小学有着不可分割的联系"。得克萨斯州在其中小学长期存在种族歧视做法,目前对得克萨斯大学法学院产生了以下影响:"法学院在少数族裔社区中,特别是在未来的学生中,作为一所'白人'学校的名声挥之不去;少数族裔在学生群体中的代表性不足;还有人认为法学院对少数族裔是一个充满敌意的环境"。联邦最高法院指出,"如果联邦最高法院将审查范围限制在得克萨斯大学,联邦最高法院仍将找到'强有力的证据基础,得出有必要采取补救行动的结论'"。

根据联邦最高法院设计的四因素测试,联邦最高法院认定1992年招生计划的部分内容违宪,招生计划中根据种族不同对待候选人的加分部分得到了支持。但联邦最高法院认为,在录取过程不对不同种族的候选人进行比较的区别对待是不允许的,因而否决了学校对申请使用单独的招生委员会的做法。最后,联邦最高法院裁定,唯一适当的救济是一项宣告性判决和一项命令,允许原告重新申请学校而不起诉。另外,联邦最高法院认为,法学院已经承诺放弃两委员会制,改变招生制度,因此,不具备实施禁令的理由。

在平林诉美国案中,联邦最高法院提到"对于一个建立在平等主义基础上的自由的国家来说,仅仅因为他们的祖先而对公民进行区别对待,就其本质而言是令人憎恶的”。因此,仅基于种族的立法分类或歧视往往被认为是对平等保护的否认,也被宣布为违反宪法基本原则。

霍普伍德案之后,学校接受了联邦最高法院认可的原则,对申请人的综合情况进行考虑,进行个性化的招生。除此之外,得克萨斯州立法机关还依据霍普伍德案,颁布了《百分之十法案》(Top Ten Percent Law),授予得克萨斯州任何公立大学的自主招生权,不考虑申请者个人种族身份,根据成绩排名录取学生,保证排名在学校前十名的学生都能够被录取,在种族问题与学业水平中进行了有效平衡。

2003 年的格鲁特案依然意味着种族因素作为“重大国家利益”得到宪法原则认可,得州大学于是又一次调整了其招生政策,明确将种族因素作为招生标准之一。可以说,在美国教育法治发展过程中,法官们一直通过判决影响着教育领域中价值选择的最终结果,甚至通过明确的“指示”来影响立法、行政机关的行为和决策。而立法和行政机关也在持续通过不同的纠纷来平衡个人价值与社会利益,通过判例持续调整政府的决策行为,这也使得各州学校针对少数族裔的招生政策存在着反复摇摆的状态,也持续引发争议。

费雪诉得克萨斯大学奥斯汀分校是一起关于得克萨斯大学在招生过程中有关多样性原则的诉讼,该案件两次上诉至联邦最高法院。2008 年,白人女学生费雪(Noel Fisher)和米夏尔维兹(Rachel Multer Michalewicz)申请得州大学奥斯汀分校被拒绝。她认为大学的录取项目严重偏向少数族裔群体,导致这些政策对她以及其他的白人候选人形成了明显的逆向歧视。基于这些事实,她声称自己和 1972 年的贝基案具有相似性,其不被录取完全是因为被少数族裔挤占了名额,这也就形成了复杂而曲折的“费雪诉得州大学奥斯汀分校案”。

2013 年 6 月 24 日,联邦最高法院以 7 票对 1 票否决了下级上诉法院对得克萨斯大学裁决的支持。联邦最高法院认为,格鲁特案和贝基案已经非常明确地承认了多样性对校园价值和文化形成的重要性。然而,下级法院在评估得克萨斯大学招生项目时没有恰当地应用格鲁特案和贝基案中明确提出的严格审查标准。因此,联邦最高法院将案件发回重新审理,并要求下级法院对得克萨斯大学录取项目的合宪性进行更严格的审查。肯尼迪大法官在判决中表达了多数意见,金斯伯格表示反对。

与之前的几个案件不同,费雪案中的大法官提出了种族归类与学校多元化利益没有直接关联的观点,这是对之前种族分类问题本质的一种新的认知。这意味着,在招生过程中不能根据传统的理解执行传统的种族分类标准。对学校而言,如果实行种族分类的政策,不仅要适用"严格审查"标准,还必须证明这种政策是解决学校多元化问题的唯一方案,这对高校的招生政策提出了更高的要求。因为第五巡回法院没有要求大学承担严格审查的责任,所以其支持学校的判决是有缺陷的。

贝基案中,鲍威尔法官确认从多元化的学生群体中获得教育利益是一种令人信服的利益,可以证明考虑种族因素是合理的。然而,这种利益是复杂的,包含了许多"资格和特征,种族或民族出身只是其中一个重要的因素"。费雪案中,肯尼迪大法官认为,在第十四修正案平等保护条款下,任何州都没有权力将种族作为考虑因素之一,以增加公民教育机会。在严格审查的情况下,禁止一切种族分类,除非它们是为了实现"重大迫切的国家利益",即使如此,也必须"严格适合",因为"种族歧视给他们带来的痛苦是用任何金钱无法弥补的"。肯尼迪大法官认为,基于种族分类的政策设计无论善意与否,都违反了宪法平等保护的原则。种族分类相当于给少数族裔贴上标签,无论少数族裔个体多么优秀,也容易因为种族分类的标签而受到歧视。

在费雪案中,联邦最高法院明确否定了贝基案和格鲁特案等之前提出的种族分类可以作为实现大学教育多元化利益的主张。任何使用种族类别或分类的招生项目都必须经过严格审查。一旦大学确立了多元化的目标,并与严格审查一致,大学必须证明其选择的方法是专门为实现该目标量身定制的。同时,如果存在"替代方案",公立学校就不能在招生过程中实施肯定性行动的政策。高校的招生过在内的 8 个州，采取投票通过州法的形式禁止大学在招生过程中考虑种族因素[①]。

在 20 世纪初，联邦、州、县各级政府争相推动新移民的美国化，肯定性行动在这一过程中起到了非常积极的作用。然而，在 20 世纪后期，出现了转变，甚至朝相反的方向发展。政府开始逐渐鼓励移民群体保持他们的原籍语言、文化和民族特色。与此同时，在肯定性行动的氛围和支持下，拉美裔和亚洲裔移民更加强烈地保持他们的种族特征的意愿，甚至因为肯定性行动的相关政策扶持而变得有利可图，引发了种族之间更复杂的利益冲突。在 20 世纪 90 年代，大约 85%的移民被定义为“弱势群体”，2000 年大约 75%的在国外出生的人也被定义为“弱势群体”，尽管他们可能没有亲身经历过美国的种族歧视历史，但仍然有资格得到肯定性行动的支持[②]。这也成为反对肯定性行动的白人所提出的重要理由。

2019 年 10 月 1 日，备受亚裔美籍学生关注的美国哈佛大学歧视亚裔美籍学生案终于有了初步结果。波士顿联邦地区法官巴勒斯（Burroughs）裁定：“尽管哈佛大学的招生程序并不完美，但不会取消一个通过宪法规定的、非常优秀的招生程序，仅仅是因为它可以做得更好。”这也意味着，虽然联邦最高法院承认哈佛大学的招生程序可能存在瑕疵，但是这样的瑕疵并没有达到需要宣布无效的程度，不完美并不是违反宪法的主要理由。他同时强调，“将种族问题考虑在内的招生在社会上占有重要地位，并有助于确保高校能够提供多样化的氛围，以促进学习，提高学术水平，并鼓励相互尊重和理解。”他还强调，“哈佛大学的招生计划通过了严格审核，因此符合宪法规定。”可以认为，联邦地区法院的法官仍然认可了种族问题与学校多元文化之间的紧密联系，同时在法律上确认只要履行“严格审查”的程序并符合其标准，那么在招生政策中考虑种族因素仍然得到司法系统支持。这也说明肯定性行动获得了联邦地区法官的支持，在美国社会整体价值体系中仍然占有重要的位置。

肯定性行动的核心在于如何理解“歧视”。在美国联邦宪法诉讼中，对于歧视

① 刘丽丽. 美“平权法案”在教育中遇到新挑战[N]. 学习时报，2014-9-8(9).

② （美）亨廷顿. 我们是谁：美国国家特性面临的挑战[M]. 程克雄，译. 北京：新华出版社，2005.

的定义与内容十分广泛。性别歧视领域以“霍根诉密西西比女子大学案”和“美国诉弗吉尼亚案”为代表,移民身份以普莱尔诉迪尤案为代表。这些案件都确认了个体对于美国社会发展的重要作用,判决都采用了肯定性行动诉讼过程中坚守的基本原则,对于弱者的支持将会是美国社会长期坚持的一个历史议题。因此,“肯定性行动”所引发的个体之间权利冲突与平衡,也将持续引起社会的关注,并推动《外国未成年人发展、救济和教育法案》(Development, Relief and Education of Alien Minors Act),也被称为梦想法案(DREAM ACT)的改进。

可以说,社会不同利益群体的持续博弈构建了美国社会的主流价值观。在通过联邦最高法院的判例加以确认之后,这些价值观会通过不同的子系统持续完善和普及,进而进一步固化,成为社会不可轻易改变的基本社会准则。联邦最高法院的司法审查权成为美国社会价值观念形成和完善的重要工具。

结语:路漫漫其修远兮

美国教育法治是一个漫长发展并逐步完善的历史过程。通过司法系统的能动性,美国 最高法院的法官借用判例对宪法原则进行解释,不断改进优化教育管理制度,持续解决教育 纠纷并确立应当遵循的教育原则。在现行的教育运行体系下,美国教育系统已经不可避免 地与司法体系紧密结合,联邦最高法院在这个过程中扮演着重要的角色,在利用自身权威解 释宪法的过程中不断“能动地”改造着美国教育,塑造着美国教育的法治环境。

美国宪法并未提及教育,因此,联邦政府对教育的调控只能通过间接的方式进行。联邦 宪法是美国最高效力的法律,通过宪法的授权,各州拥有管理教育的权力,但是这种教育管 理权力的行使必须与宪法保持一致,否则就会因为违反宪法而无效。1958 年,联邦最高法院明确宣布:“对公立教育的管理权主要归于州政府。但同样确信无疑的是,由于联邦宪法 适用于州政府的行为,像其他所有的州内事务一样,州政府在运用教育管理权时必须与联邦 宪法的要求保持一致”。

法律核心的价值来源于社会,是社会思潮的反映。从功能上来分析,美国联邦宪法判例 发挥着宪法解释的重要功能。这些判例动态地诠释着美国宪法“原始文本”的含义,使其更 加符合社会需求多元化的发展。最高法院的法官们在这样的法治框架下肩负着平衡共和主 义和个人主义有关教育需求及其实现方式的重要职责。有时他们会积极应对,有时也会被 动回避。总之,在这样的博弈中,最高法院的法官们利用他们对法律的理解来对教育基本实 践进行调整和抉择。通过法官们的解释,每项原则都衍生出了不同的检测标准。美国联邦 最高法院通过这些标准,塑造了地方的公立教育,进而影响了整个教育领域,也铸就了美国 教育发展历程和自身成就的独特之处。